「オピニオン」の政治思想史

――国家を問い直す

堤林　剣　Ken Tsutsumibayashi
堤林　恵　Megumi Tsutsumibayashi

Eurus

Notus

Zephyrus

Bor

岩波新書
1876

目　次

序……………………………………………………………1

第一章　オピニオンとは何か……………………………11
1　フィクションとしての国家――オピニオンの領域　12
2　オピニオンとは何か　24

第二章　中世のボディ・ポリティック……………………41
――「死なない王」のオピニオン
1　「王」――近代国家の起源　42
2　宗教と法――不死性の言説　45
3　「王は死んだ。国王万歳！」――イメージとシンボルの力　56

第三章　近代主権国家の誕生――「死なない国家」のオピニオン……65
1　抵抗の論理――それでも王を殺すには　66
2　絶対主義――新たなルールの新たなゲーム　72
3　リヴァイアサン――言語と思考の海から生まれた怪物　83
4　神学と政治学のハイブリッド――王権の高みの限界へ　108
第四章　革命が生んだ新たな祖国
――オピニオンは国家のための死を求めるか……121
1　フランス革命＝二重の王殺し――「王は死んだ。国家万歳！」　122
2　人民主権――合理主義と宗教　128
3　そして帝政へ――皇帝ナポレオンのオピニオン操作　139
第五章　現代の国家――ナショナリズムとオピニオン……145
1　ナショナリズム――危険なる「愛」　146
2　「死なない国家」の新世界秩序　150

目 次

3 デモクラシーとオピニオン 162

第六章 国家の未来──政治の死？ 不死の人間？……171

1 オピニオンの歴史と歴史のアイロニー 172

2 オピニオンが不要になる時代 178

3 人間を変えるテクノロジー 187

結……211

主要参考文献 221

あとがき 229

序

国家を死なせないもの

なんとも不思議な現象である。今日、国家は滅多に消滅しない。二〇世紀後半以降、脱植民地化や分離独立などによって、国家が増えることはあっても減ることはほとんどない。そして一旦国家が成立すると、ちょっとやそっとのことではなくならない。征服されたり戦争に負けたりしても、なくならない。

そもそも征服の頻度も激減する。一九二八年にパリで調印された「不戦条約」が契機となって世界秩序は大きく変わったと論じるオーナ・ハサウェイとスコット・シャピーロは、一八一六年から二〇一四年までの全世界での領土変更の分析を通じて、次のように結論する。「一九四八年以降、平均的な国家が征服の憂き目にあう可能性は、人の生涯に一度から一〇〇〇年に一、二度まで低下した」。そしていうまでもなく、第二次世界大戦で敗戦した日本もドイツもイタリアもなくなっていない。

どのようにしてこうした状況が生まれたのであろうか。なぜ国家は死ななくなったのか――

政治思想史的に表現すれば、国家の不死性を担保する要因とは何か。その理解のために本書が決定的に重要であると考え、議論の基盤におくのがオピニオン論である。オピニオン論の詳しい内容は本書第一章で述べるが、それは要するに「権力支配が機能するのは、支配されている側にそれに従うつもりがあるからだ」とする視座である。そこから考察するならば、「国家が死なないのは多くの人びとにそれを死なせるつもりがないからだ」——死なせるつもりがない、には「死なせたくない」「死ぬべきではないと考えている」「死ぬわけがないと思っている」「そもそも死ぬなんて発想がない」等、さまざまなバリエーションがありうるわけだが——ということになる。

身も蓋もない表現に映るかもしれない。だがこの簡潔さゆえに、オピニオン論にもとづく国家や権力支配についての理解は地域や時代を超えて適用できる普遍性を備えており、その身も蓋も示して読者に理解し納得していただくのが、本書前半の目的である。

そしてその目的のために、オピニオン論の内実に続く章では、人びとに国家は死なないと思わせた政治思想史的展開について論じていく。具体的には第二章において中世政治思想に登場する「死なない王」の言説の検討から取り掛かり、第三章ではボダン、ホッブス、ボシュエを例に一六・一七世紀の国家を基礎づける理論とその成立過程をたどる。その後、第四章で国家の論理に劇的な変化をもたらしたフランス革命およびそこに端を発するといわれるナショナリズムの展開を追い、第五章以降では第二次世界大戦後の世界について考察を加えることになるだろう。

死なない国家が死ぬとき

さて、本書の第六章ではこうしたオピニオン論にもとづいて理解された「死なない国家」の成立条件が、テクノロジーの進歩などによって変化した場合どうなるか——もしかすると国家がなくなり政治も無効となる時代が遠い未来に到来するかもしれないという仮定のもと、今日および遠くない将来の政治的課題について論じようと思う。少々大それた問題設定のように思えるかもしれないが、本書の目的は予想でも預言でもないので、未来はこうなるだろうといったことを述べるわけではない。

数百年、数千年、数万年後に世界はどうなっているだろうか。そんなことは誰にもわからない。数百年、数千年、数万年前の人間が今日の世界を想像できなかったのと同じように。そもそもテクノロジーによって異なる世界がもたらされる前に、核戦争や疫病や環境破壊や隕石の衝突などによって人類が滅びるかもしれない。そして今日的視点に立つならば、ＳＦチックな未来世界の心配をするより、（人間・食料の）安全保障、環境保全、パンデミックへの対応など、より喫緊な課題があると思う人もいるだろう。本書もその点には諸手を挙げて賛成するし、それらのリスクのほうが人類の存続にとってはより深刻だとも思う。だが、にもかかわらず、テクノロジーの問題も決して無視できるものではなく、現にそれはわれわれの生活と世界にさまざまな変化を及ぼしている。

たとえば、もしAIやロボット・サイボーグの進化や遺伝子操作などによって人間の身体的・精神的特徴や価値観や生活環境が大きく変われば、そして人間の寿命が飛躍的に延び、場合によっては不死性を獲得するのであれば、国家がなくなっても不思議ではない――もっとも、そこまで人間が変われば、もはや人間とは呼べないかもしれないが。

だが人類への将来的影響を考えるのであれば、いささかSFチックであっても、われわれの死んだはるか後の世界を思考の射程に入れることは無意味ではないはずである。テクノロジーの劇的な変化が国家そのものや国家に対する人びとのオピニオンに予測を超えた変化をもたらし、「死なない国家」に死ぬときが訪れたとしても、ディストピア的なシナリオが未来の現実にならないようにするためにはどうすればよいのか。この問いについて考える際に無視しえないと思われる点を指摘するのが、本書終盤の議論の目的である。

そしてそれは当然、政治思想史的な前半の問いと連続している。「死なない国家」の過去と未来とを叙述しようというこの試みに通底するのは、国家と国際秩序、ひいては政治一般の存立条件とそれにまつわるリスクを明らかにするという問題意識である。

国家をめぐる生と死の政治

はたして、国家が死ななくなったことで世界には平和が訪れ、人びとの苦しみが減っただろうか。事実はまったくそうではない。二〇世紀が戦争と大量死の世紀であったことを想起すればこれは一目瞭然である。そこではしばしば、国家の名において(また国家に命令されて)多くの人間が殺したり殺されたりした。また、二〇世紀後半以降、国家が消滅しなくなり、征服の頻度が下がってからも、紛争がなくなったわけではないし、内戦やテロ、貧困・格差や環境汚染などによって、依然として多くの人びとは悲惨な境遇におかれている。

くわえて、今まで一定の安全と豊かさを享受してきた先進諸国においても、近年になり政治の機能不全が叫ばれ、特にデモクラシーの危機といった形で問題が提起されるようになった。経済的格差や社会的分断が深まるなかで、人びとの閉塞感や生活不安も増幅し、ポピュリズム、ナショナリズム、排外主義などが台頭する。すると、民主的プロセスを通じた長期安定的なコンセンサスや政策の形成もますます困難になる。さらに、自国第一主義が顕著になると、他国との協調関係がうまくいかなくなり、グローバルな問題の解決もますます遠ざかる。

こうした状況に対して、国家がそもそも問題の元凶であり、国家がなくなれば世の中はよくなると考える人も、洋の東西を問わず少なからず存在する。確かに、今日の国家中心の国際秩序が成立するまでの過程で人類が経験してきた夥《おびただ》しい悲劇に心をいたすのであれば、もう少しましな秩序形成の経路もありえただろうと思いたくなる。だが、やり直しのきかない歴史の延長線上に今日の世界と人間が存在するかぎり（経路依存の拘束）、過去の悲劇を繰り返さないよう少しでも歴史の教訓に学びつつ、よりよい未来を構想するほかない。そして現状（およびそれをもたらした過去）の無批判的肯定がそうした構想を阻害することを認識しつつも、オールオアナッシング的に国家と現状の政治を否定するのも危険で愚かだ。

後述するように、皮肉ではあるが、歴史的には国家を正当化する理論的根拠は、成員（国民）の安全や共通善や基本的権利の保全であった。それが今も昔も現実から乖離している点は由々しき事態であり、大いに批判されてしかるべきである。しかしながら、国家システムがどれだけ不完全で問題だらけであろうと、今日の大半の人間が国家を中心とする政治・経済・法制度のなかで生活を営んでいるという現実があり、これを一気に破壊し、杓子定規的に理想社会ないしユートピアの構想を導入することは（いわんや強制することは）、計り知れない混乱と暴力的事態を招くだろう。これもまた、歴史の教訓である。

したがって、どれだけもどかしくとも、改善や改革は、歴史的現実を彩る功罪のバランスと因果関係を意識しつつ、功の罪に対する割合をより大きくするよう求めなければならない。もちろん、それを認めることと現状を盲目的に肯定することとはまったく異なる。

現実世界を構成し政治を動かす複雑な要因および多様なアクターの相互作用を意識するのであれば、より多角的な視点から何が可能で望ましく、何がそうでないかについて考えなければならないが、当然ながらそこから意見の一致が帰結する保証はない。そもそもすべての人間にとって望ましい、ましてや等しく望ましい改善策など容易には見いだせない。だがそうであればこそ、異なる意見をぶつけ合い、問題の所在を明らかにしつつ、可能なかぎりすべての成員にとってフェアになるように、共同で問題解決を模索しなければならない。これがデモクラシーである。

もちろん、こうしたプロセスからみんなが納得するようなアイディアや政策が生じるとは限らない。残念ながら、現実はもっと残酷である。それでも、共通善を志向しつつこうしたプロセスを継続することは、議論の不在や現状の盲目的肯定、あるいはカリスマ的人物によるユートピアの押しつけよりは、はるかにましと思われる。

政治とは、ベストの選択肢が存在しないなか、共通善(国家のそれに限定されない)のためにできるだけましな選択肢を模索し実現しようとする人間的営為なのではないだろうか。

もちろん、理想に突き動かされる形で人びとが連帯し、それゆえにそれまで実現不可能と思われたようなビジョンが現実となることもある。理想を掲げることが政治において重要であることは間違いないし、それを否定するのはナンセンスと思われる。だが、その匙加減は難しく、実現可能な理想かどうかは事前にわかるわけではない。また、仮に実現可能だとしても、それを実現するためにどこまで、そして誰が代償を支払うべきかについても意見は分かれる。たとえば、人民主権や人権保全の名のもとに行われたフランス革命を肯定的に評価する者は多くいるが、今日、理想実現のために同程度の暴力を容認してよいと考える者は少ない。いや、そうした暴力は本来の目的とは無関係であり、意図せざる帰結であったと反論できるとしても、劇的な変動が常に意図せざる帰結を伴うというのも世の常である。

また、人権を普遍的価値として称揚したところで、それを実質的に保障しているのは国家であるという現実もある。ハンナ・アーレントのいう「人権のアポリア」は、普遍的人権が往々にして普遍的でもなんでもなく、人権は結局のところ人民の、つまりある国家の成員の権利としてしか保障されない落とし穴を鋭く指摘する。人権を掲げる憲法にありがちな謳い文句は「すべての人間に」「平等に」「生まれながらにして備わる」だが、ではその国家の国民から零《こぼ》れ落ちた者は誰が人間扱いしてくれるのだろう？ 責任をもって人間を人間として扱うよう期待されるのがまず第一に国家であることは、アーレントの著作から半世紀経った今もほとんど変わっていない。

だが一方で、国家の成員の人権が国家によって侵害されるケースも珍しくない以上、政治も国家も両義的であり、善にも悪にも加担しうる——この両義性は権力の本質であり、だからこそ、それを正しく行使する必要がある。そして、この両義性がそれぞれ何をもたらすかを可能なかぎり把握しておくことは、将来訪れるかもしれない国家の死がもたらす混乱のリスクを最小化するのに有意義な作業であるはずだ。

先に述べたように、政治の存立条件とそれにまつわるリスクを明らかにすることが本書の狙いである(少なくとも、狙いの一つである)。

その際、どのような歴史的経緯によって「死なない国家」が成立したかを明らかにしたうえで、政治が政治として機能しているあいだに、国家が国家として存在しているあいだに、さらには人間が人間でいるあいだに、(いささか大風呂敷ではあるが)人類とその未来のために、現在生きているわれわれが政治と国家を通じて何ができるか、何をすべきかについて考えるためのネタを提供したいと考えている。

政治もテクノロジーも、環境破壊や戦争と同様、それらに導かれて悪い事態へと向かう場合でも、一夜にして破局がもたらされることは稀である。仮に決定的瞬間や致命的決断があったとしても、たいていの場合は、長期にわたる複数の人間による決定と行為の積み重ねがそれに先行する。またその間、改善・解決に繋がりうる一定の選択の余地があったりもする。

もちろん、実現可能な選択肢がなんなのかは事前に完全に把握できない。しかも、地球温暖化のようにじわじわと、また長いあいだ、その影響を感じないまま進行することもある。だが、ある局面に達すると、もはや不可逆的になり、それ以降は何をしても手遅れとなる。そうした一線を越える前にやれること、やるべきことは何だろうか。それについて考えるのは重要であると信じている。

第一章　オピニオンとは何か

1 フィクションとしての国家――オピニオンの領域

国家が事実上死ななくなったのは、二〇世紀後半に入ってからである。だが理論上死ななくなったのは、数百年前にまで遡る。

一方、人間は今も昔も死すべき存在である。誰もがいずれはこの世を去る(少なくとも、今のところは)。にもかかわらず、この死を免れないはずの人間が国家の成員となり、死なない国家をつくり上げてきたのだ。

国家とは人工的構築物である。意識的であるかどうかはさておき、人間がつくり出したものである。建国神話とか国家を自然的なものとみなす見方とかもあるが、よく考えてみると国家は天から降ってきたわけでも、地中から生えてきたわけでもない。したがって、どれだけ国家が動かしがたい客観的ないし実在的なもの、そして時には神聖なものと感じられようとも、究極的にはそれは人びとの共有する観念ないしオピニオンによって支えられている。つまり、大半の人間がそこにあると思い、その前提で行動しているからこそ国家は存在し、維持され、再生産される――国家はフィクションなのである。そして、そのフィクションの構造と作用の仕方については、社会科学のさまざまな分野で解明が試みられている(本書で触れる余裕はないが、法やお金や文化やアイデンティティといった、他の一見自明な事象についても同様のことがいえる)。

なお、ここでいう「フィクション」とは、架空とか偽物ということではなく、人間の作為の産物であることを意味する。そもそも「フィクション」(fiction)という言葉はラテン語の動詞 **fingere** ないし名詞 **fictio, fictionem** に由来し、「つくる・つくられたもの」や「装う・装われたもの」、ないし「捏造する・捏造されたもの」を意味する。前者が価値中立的(ニュートラル)に「つくる」契機を重視しているのに対して、後者は反事実的で場合によっては蔑称的ニュアンス(偽物・まがい物・虚構)を含意している。もちろん小説(novel)を表すこともあるが、この語法が定着するのは一九世紀以降である。

本書では、作為に力点をおいたニュートラルな意味で「フィクション」という言葉を用いる。その場合、「フィクション」は「事実」(fact)とも「現実(性)」(reality)とも背反しないどころか、しばしば表裏一体の関係をなす。国家はフィクションであるが、だからといって事実に反するわけでも、リアリティがないわけでもない。それどころか、国家は人びとの生活条件を大きく規定し、時には人の命を奪うことすらある。国家は生殺与奪の権を握るフィクションであり、ある意味で怪物のような存在だが――ホッブスは旧約聖書に登場する海の怪物にちなんで、それを「リヴァイアサン」と呼んだ――それはあくまでも人間がつくったものなのである。

しかし、個々の人間はか弱い存在であり、国家の成員でいられるのも生きているあいだだけのことである。こんな儚《はかな》い生き物がなぜそんな強大にして長命な怪物をつくることができるのだろうか。それはホッブスも指摘しているように、人間は言葉を操る動物であって、言葉を介して意志と力を統一することができるからである。フィクションたる国家は、言葉による作為の産物にほかならない。それが砂上の楼閣のように脆く崩れ去ったりしないのは、言葉が人びとのオピニオンを引きつけ国家を支えさせるからである。

ホッブスの国家論については第三章で扱う。ここではひとまず、言葉の重要性を認識しつつも、それに還元されないオピニオンが国家ひいては政治権力の源泉である点を確認しておきたい。

では、この「オピニオン」(opinion)とは何だろうか。それはどのように作用するのだろうか。この言葉がしばしば「意見」とか「世論《せろん》」とか「輿論《よろん》」と訳されたりすることからもわかるように、そこには人びとの主観的な見方や考えといったニュアンスが含まれている。そして、これが政治および権力支配の存立条件にとって決定的に重要であるということは、本書で繰り返し強調されていくだろう。その考察の中心となるのは当然国家とオピニオンとの関係であるが、オピニオンは国家だけでなく統治一般についても妥当する概念である。したがって、まずはより広くその政治的作用に注目してみたいと思う。人生観や世界観や宗教観といった人びとの主観的な意見が、意識しようとすまいと、政治的な意味合いを持つ行動や選択に対して一定の影響を及ぼしていく——その例として、ここでは死生観を取り上げてみよう。

死生観と行動——その曖昧な関係

いかに生きるべきか。有史以来(あるいはそれ以前から)人間はこのことを問い続けてきた。そして答えを模索する過程で、しばしば死や来世への問いも生起する。この世における生が有限なのだから、当然だろう。

この世を去った後どうなるか確かな知識がないなかで、来世をどう捉えるか、そもそも来世の存在を認めるかどうか、認めたとして現世と来世のどちらをより重視するかなど、死生観およびそれと連動する人生観・世界観は多様であり、このような大きな問いに対して、一定の方向性やシナリオを示唆する哲学や宗教にもさまざまなバリエーションがある。

いずれにしても、死は一つの大きな謎として個々人の前に立ちはだかる。あの世が存在しないと考える人は、この世を最大限楽しく生きなければと思うかもしれない。逆に、あの世での幸福を重視するあまり、現世での苦痛をものともしない人もいよう。あるいは、この世にもあの世にも大して価値を見いださない人、逆にこの世でもあの世でも幸福を望む人もいるだろう。

さらに輪廻転生《りんねてんしょう》を信じるのであれば、前世を反省したり、よりよい来世を希求したりしながら、今の生を生きるかもしれない。いうまでもなく、輪廻思想にもさまざまなバリエーションがあり――ヒンドゥー教、仏教、オルフェウス教、ピュタゴラス哲学、プラトン哲学など――それぞれの教義において生と死に対する理解も向き合い方も異なる。

では、こうした死生観は人びとの行動様式にどのような影響を及ぼすのだろうか。

結論からいえば、あの死生観からこの行動様式が帰結する、ということを確実性をもって述べることはできない。にもかかわらず、両者のあいだに影響関係があるということも否定できない。

なんとも中途半端な結論と思われるかもしれないが、本書ではあえてこの中途半端な立場と視座を維持することの重要性を指摘したい。この曖昧な関係性を、曖昧さを維持したまま考察の対象とすることが、政治とオピニオンとの関連を探るうえで必要だと考えるからだ。順を追って説明を試みよう。

日本人の伝統的死生観においては、この世とあの世とが断絶していない、とはよくいわれることである。そうした、日本人や他の社会にも共通するような霊魂信仰のあり方が人びとの行動様式にどういった影響を与えうるかについて、長尾龍一は『法哲学批判』で次のように述べている。

「被殺害者は殺害者に復讐する」という観念は殺人罪を抑止し、「生者は死者に見守られている」という観念は、人びとが隠れて悪をなすことを抑制する。「子孫は祖先の霊を敬う義務があり、この義務を果たす子孫は祖先の霊の加護を得る」という信仰は、血族共同体の団結を促進するであろうし、「本家の家長(あるいは君主)はこの祖先の霊の体現者だ」という信仰は、権威主義的な集団形成原理を正当化する。

こうした知見は示唆に富み、一定の説得性を有する。藤原氏によって陥れられた菅原道真の死後に天変地異が続けば、人びとはそれを祟りだ怨霊だと畏《おそ》れ、その怒りを鎮めるために神として祀《まつ》られた道真には現代でも多くの日本人が手を合わせるだろう。だが、だからといってその後の日本の政治で政敵の暗殺が一つも行われなかったかといえば、もちろんそんなわけはない。また、このような伝統意識が時代とともに変化しているのも事実であり、お盆や初詣のような伝統が形式的に維持されているからといって、かつてと同じ効果が生じるとは限らない。

西洋でも、死生観が人間の行動に影響を与えると考えられてきた点は同様である。たとえばキリスト教においては、この世とあの世は断絶しているにもかかわらず、死後は天国か地獄に行き、天国では永遠の幸福、地獄では永遠の苦しみを味わうとされているので、神の意にかなった生を送るモチベーションが生じる。だが神を信じていないと、当然このような効果は望めないはずだ。ゆえに、寛容論で有名な一七世紀の思想家ジョン・ロックは、何をしでかすかわからない危険な輩として無神論者を寛容の対象から外したのだった。

今日、西洋においてクリスチャンの人口は減少傾向にあり、英国の場合、最近の世論調査によればクリスチャン人口は過去三〇年のうちに七割弱から四割弱まで低下している。くわえてクリスチャンであっても来世の存在そのものを信じない人びとの数が増えてきており、他の宗教を奉ずる人が多少増加しているとはいえ、無信仰者の占める割合は実に五割を超えている。ちなみに英国よりカナダ、そしてカナダよりアメリカ合衆国のほうが、信者の率も来世の存在を信じる者の率も高い。しかも興味深いことに、いずれの国においても、天国はあっても地獄は存在しないと考える者が少なからずいる。年齢分布をみるかぎり、こうした傾向は将来的には一層顕著になると思われる。

以上のような死生観の変化が、人びとの行動様式に一定の影響を及ぼすことは想像に難くないだろう。ただ、具体的にどう影響するかということを因果的に説明するのは容易ではない。ロックの理解にしたがえば、現在の英国では国民の半数以上が犯罪者になっていてもおかしくないということになるが、当然ながらそのような事実はない。日本でも西洋でも、伝統的な死生観や宗教意識が希薄化したからといって犯罪率や非道徳的振舞いがそれに比例して上昇したとは、必ずしもいえない。人びとの行動様式に影響を与える要因は多数あると同時に、複雑に相互作用しており、時とともに変化し、個々の状況にも左右されるので、普遍的な定式を導くのはひどく困難である。

とはいえ、まったくランダムに事象が起こるわけでもないので、文脈と問題を特定したうえでならば、一定の影響関係のパターンを見いだすことは、場合によっては可能と思われる。このことを死生観と国家との関連でみてみよう。

「死にがい」のある国家

一九七〇年代初頭、社会学者の井上俊は『死にがいの喪失』において当時の日本の若者たちが「死にがい」を失いつつある点を指摘した。これは戦中に国家が導入した「死にがい付与システム」によって醸成され、動員される人びとのあいだで共有された「死の意味づけ」と対照される。また井上は、曽野綾子『誰のために愛するか』から「その人のために死ねるか」という言葉を引きつつ、愛の深さや激しさを死の基準で測ることが戦中派の発想だと論じた。

こうした「死にがい」「死の意味づけ」や愛の議論は、文脈は異なるものの、ナショナリズム研究で有名なベネディクト・アンダーソンの次の主張とある程度符合するように思われる。

ナショナリズムのほとんど病理的ともいえる性格、すなわち、ナショナリズムが他者への恐怖と憎悪に根ざしており、人種主義とあい通ずるものである、と主張するのが進歩的、コスモポリタン的知識人のあいだで〔中略〕、かくも一般的になっている今日のような時代にあっては、我々はまず、国民《ネーション》は愛を、それもしばしば心からの自己犠牲的な愛をよび起こすということを思い起こしておく必要がある。

今世紀〔二〇世紀〕の大戦の異常さは、人々が類例のない規模で殺し合ったということよりも、途方もない数の人々がみずからの命を投げ出そうとしたということにある。

これは確かに鋭い指摘であり、傾聴に値する。だが一方で井上も指摘しているように、状況が変われば意識も変化する。そして今日、世界各国でナショナリズムが再び興隆しているといわれながらも、それが戦争を意識した「死にがい」や「自己犠牲的な愛」に支えられているとはいいがたい。ナショナリズムはナショナリズムであっても——そして排外主義的な言動やヘイトスピーチ、ヘイトクライムなどが深刻なのは間違いないが——先進諸国においてみられるそれは、かつて二〇世紀前半にみられたものとは質的に異なり、自己を超えた国家への献身というよりは、生活不安や閉塞感など自己の境遇にこだわる「死にがいのないナショナリズム」

といえるかもしれない。

二〇一五年にギャラップ・インターナショナル社が発表した国際比較の意識調査は、このことを裏づけているように思われる。図1では、「あなたは国のために戦いますか」という問いに対して、肯定的に回答したパーセンテージが国別に示されている。

概して西洋諸国が低い率となっていることがわかる。ナショナリズムを世界大戦時のそれと同一視するとこの調査結果は意外かもしれないが、現在のナショナリズムが「死にがい」を包含していないとすれば理解できる。そしてこの傾向が特に際立っているのが、日本であるといえよう。イエスと答えたのはわずか一一パーセント、実に六三か国中の最下位なのだ。

近年、日本でも国家への感情的な賛美や国民の義務の強調、他国脅威論や軍備拡張の必要性といった言説が目立つようになってきているが、これもまた(少なくとも自らの)「死にがい」とは連動しないナショナリズムといえるのではないだろうか。そうだとすると、その政治的作用も戦前・戦中とは異なってくるだろう。それが具体的にどう異なり、将来的にどのような影響を政治に及ぼすかは現時点では必ずしも自明ではない――だが少なくとも、かつてのようにナショナリズムの影響が強くなれば国のために命を捧げる死生観が盛んになるわけでもなく、国家に死にがいを見いだしていなければナショナリズムが興隆しないわけでもない、とはいえよう。

なお、同一の意識調査では、さらに宗教別・地域別の指標が示されている(図2)。

75%＋	モロッコ	94%
	フィジー	94%
	パキスタン	89%
	ベトナム	89%
	バングラデシュ	86%
	アゼルバイジャン	85%
	パプアニューギニア	84%
	アフガニスタン	76%
	ジョージア	76%
	インド	75%
51-74%	フィンランド	74%
	トルコ	73%
	フィリピン	73%
	タイ	72%
	アルメニア	72%
	中国	71%
	インドネシア	70%
	カザフスタン	69%
	ケニア	69%
	イスラエル	66%
	レバノン	66%
	パナマ	64%
	マレーシア	63%
	ウクライナ	62%
	ペルー	61%
	コロンビア	61%
	ロシア	59%
	コソボ	58%
	メキシコ	56%
	パレスチナ自治区	56%
	スウェーデン	55%
	ボスニア・ヘルツェゴビナ	55%
	エクアドル	54%
	ギリシャ	54%
26-50%	ナイジェリア	50%
	ブラジル	48%
	ポーランド	47%
	セルビア	46%
	アメリカ	44%
	アルゼンチン	43%
	韓国	42%
	ラトビア	41%
	スイス	39%
	北マケドニア	38%
	アイルランド	38%
	ルーマニア	38%
	デンマーク	37%
	カナダ	30%
	オーストラリア	29%
	フランス	29%
	ポルトガル	28%
	英国	27%
	アイスランド	26%
0-25%	ブルガリア	25%
	香港	23%
	チェコ	23%
	スペイン	21%
	オーストリア	21%
	イタリア	20%
	ベルギー	19%
	ドイツ	18%
	オランダ	15%
	日本	11%

図1　すすんで国のために戦う人びとの割合・国別(2015年)
出典：Gallup International Association, *Voice of the People 2015*, WIN/Gallup International, 2015

宗教別		地域別	
イスラム教	78%	中東および北アフリカ	83%
ヒンズー教	77%	西アジア	82%
		南アジア	76%
仏教	66%	東アジア	71%
無神論・不可知論	57%	アフリカ	56%
		北アジア	55%
ロシアないし東方正教	53%	東ヨーロッパ	53%
ローマ・カトリック	52%	ラテンアメリカ	52%
プロテスタント	48%		
その他のキリスト教	55%	北アメリカ	43%
ユダヤ教	51%	西ヨーロッパ	25%

図2　すすんで国のために戦う人びとの割合・宗教別／地域別(2015年)
出典：図1に同じ

ただ、これらの数値から一定の宗教のほうが他の宗教より好戦的とか平和的とかいった結論を導くのは早計である。意識調査のデータ分析において常に注意しなければならないことだが、こうした指標から明らかになるのはあくまでも統計的な意識の分布状況であり、そこから因果関係の説明を機械的に導くことはできない。因果関係の説明には、必ず解釈者の解釈――信憑性の差はあれど主観的な解釈――が介在するものである。

歴史を振り返るならば、同一の宗教であっても時代や地域によってその作用が著しく異なったことが認められよう。そしてヨーロッパの宗教戦争期にカトリックとプロテスタントが血で血を洗うような争いを繰り広げたからといって、キリスト教が本質的に好戦的であると解釈する者は少ない。同様に、イスラム教やヒンズー教が右の意識調査で上位を占めるからといって、国のために戦うという意識が宗教的教義の必然的帰結だと考えるべきではない。むしろそうした意識は、人びとにとってどの程度安全が確保されているか、戦争がどのくらいリアリティがあるかによるのではないだろうか。もちろん、国家への帰属意識や戦争の大義によっても人びとの意識は左右されるだろう。ただ、自己防衛が問題となった場合、戦おうという意識が高まるのは古今東西一般的にみられる現象である——それが家族のためか国のためか（はたまた「死にがい付与システム」や政治的プロパガンダの影響によってか）は状況次第なのだ。

ここまでは、人びとの主観的な意見と政治的な行動との影響関係について、死生観を例にとり、その曖昧で多義的な性質を示した。次に、より抽象的な次元で、いわば一般理論として政治ないし統治とオピニオンとの関係を捉えることにしよう。このオピニオン論こそが、本書の議論に通底する枠組みとなる。

2　オピニオンとは何か

思想史上のオピニオン論――デイヴィッド・ヒュームとウィリアム・テンプル

「オピニオン」は英語の opinion をカタカナ表記したものだが、この言葉は日常生活でもよく耳にする。「オピニオン欄」「オピニオン誌」「オピニオン・リーダー」「セカンド・オピニオン」などなど。また、オピニオンの訳語としての「世論」「輿論」「意見」「所信」も人口に膾《かい》炙《しゃ》している。

だが、opinion とその訳語が常に同じことを意味しているとは限らず、しかもそれぞれが異なる文脈において異なる意味を持つことも珍しくない。したがって、混乱を避けるために、本書では基本的にカタカナ表記の「オピニオン」を用い、その意味を特定する。

では、ここでいう「オピニオン」は何を意味し、どのような理論的位置づけが与えられるのだろうか。それを明らかにするために、まずはデイヴィッド・ヒュームという一八世紀スコットランドの思想家のオピニオン論に注目してみよう。

ヒュームは、一七四一年に発表した論考「統治の第一原理について」で、次のような有名な言葉を記した。

哲学的な目でもって人間的な事象を検討する人びとに何より驚異と映るのは、多数が少数によって支配される時のたやすさ、そして彼らが自らの意見や情念を支配者に委ねてしまうあの盲目的な服従である。はたしてこの不可思議な出来事が何に起因するのかをたどっていけば、力(Force)が存するのは常に支配される側のほうであり、支配する者たちを支えているのはもっぱらオピニオンだということに気がつくだろう。したがって、統治の基礎となるものはオピニオンをおいてほかにない。そしてこの格率は、最も専制的にして最も軍事的な政権にも、最も自由かつ最も民衆に開かれた統治とまったく同じように当てはまるのだ。

これは短い文章であるが、いろんな要素が詰まっている。そのいずれの要素もオピニオン論にとって重要なので、順を追ってみてみよう。

まずここで問われているのは、統治――つまり、複数の人間のあいだにおける支配・服従関係である。

「多数が少数によって支配される時のたやすさ」は何によるのか? とヒュームは問い、これは驚くべき現象だと訴える。よくよく考えてみると「力」(Force)を持っているのは常に支配されている多数者側なのだから、確かにこれは驚くに値する。畑を耕しているのも、物を作っているのも、それらを運んだり売ったりしているのも、戦争になった時に兵士として駆り出されるのも、マジョリティたる被支配者である。このマジョリティに活動を止められては国はまわらなくなってしまう。そもそも彼らが団結して支配者と対決すれば、支配者は数少ないうえに生活の手段も戦う手段も自分たちでは持っていないのだから、ひとたまりもなくやっつけられるだろう。

にもかかわらず、少数の支配者がたやすく多数者を支配することができる。なぜか？

その理由はオピニオンにある、とヒュームは述べるのだ。そして、このオピニオンこそが「統治の基礎」であると。

ヒュームによれば、これは「哲学的な目」を通して発見された「格率」であり、論考のタイトルが示唆するように「統治の第一原理」である。つまり、普遍的に妥当する原理・原則であり、「最も専制的にして最も軍事的な政権にも、最も自由かつ最も民衆に開かれた統治とまったく同じように当てはまる」ものなのである。

この洞察の鋭さは、専制国家における独裁者のことを考えると一層明らかになるだろう。独裁者が絶大な権力を掌握しているのは、その者が腕力において多数者に優位しているからではない。仮に独裁者と兵士集団とのあいだで殴り合いになったら、間違いなく後者が勝つ。にもかかわらず独裁者のほうが権力的に彼らに優位なのは、命令というただの言葉であって物理的現象としては空気の振動にすぎないものに、多くの人びとが従うからである。

では、なぜ従うのか？　それは従うのが当然と人びとが思っているから——つまり、そういうオピニオンが人びとのあいだで共有されているからにほかならないのだ。

さて、以上みたヒュームのオピニオン論は非常に有名で、政治思想の書物で言及されることも珍しくない。だが本書では、政治思想研究者のあいだでさえほとんど知られていないウィリアム・テンプルという、一七世紀イングランドの外交官・著述家のオピニオン論にも注目したい。というのも、彼はヒュームに七〇年ほど先立って同じような洞察を示したのみならず、実はオピニオンの政治的作用についてヒュームよりはるかに詳細に論じているからである。

テンプルは一六七二年に執筆した論考「統治の起源と本性に関する一試論」(刊行は一六八〇年)のなかで次のように述べている。

夥しい数の人間をして自らの生命と財産をひとりの人間の意志に絶対的に服従せしめるのは、愚かさではなく、すべての統治の真なる基盤にして基礎であり、権力を権威に従わせしめる慣習ないしオピニオンの作用である。だから、力から生じる権力はいつも多数者たる被治者の側にありながらも、オピニオンから生じる権威は少数である支配者の側に存するのである。

ヒュームの主張と類似しているどころか、言い回しまでそっくりである。このことからヒュームがテンプルの知見を援用しているのは疑いない。また両者が、安定的な統治のためには同意が重要であるとしながら――なんとなればオピニオンとはある種の同意である――以下のように社会契約論を批判する際の論拠も共通している。つまり、テンプルとヒュームは、大半の被治者が支配を自発的に、しかも多くの場合当たり前なものとして無自覚的に受け入れるという意味での同意が重要だとしつつも、これは人びとが明確に意志表示する契約とは異なると訴えるのだ。そして、そもそもそんな契約行為が歴史的事実として存在しない点も彼らは指摘している(ただし、テンプルの論敵がトマス・ホッブスとリチャード・フッカーだったのに対して、ヒュームのそれはホッブスとジョン・ロックである)。

確かに、これは鋭い。先にみたように、人びとがなぜ支配者に従うかというと、それは社会契約を結んだからではなく、なんとなく従うのが当たり前だと思っているからであり、そのような服従義務に対する共有された考えないし感覚があり、被治者が支配者(ないし支配体系)に信をおいているからである。

これは合理的思考や基礎づけ理論に依拠しているというよりは、慣れや心情に支えられた習慣、長い間親しんだために体に浸み込んだ共通感覚・通念のようなものであり、言語化されているとも限らない――なんとなく従うべきだと思っているし、それがしっくりくるから従う。だから先の引用文にあるように、テンプルは「慣習ないしオピニオン」と述べ、「慣習」と

「オピニオン」を同義的に扱うのである。また別のところでは被治者の支配者への「信頼」(trust)を重視しているが、これも同じ考えの延長線上にある。ヒュームが別の著作で「オピニオン」と「信念」(belief)をしばしばいいかえ可能な言葉として用い、「信頼」と関連づけて論じているのも同様である。それゆえに、時間と慣れを重視する点でも両者は共通している。長期にわたって安全や安定をもたらす支配服従関係に慣れ親しんでいれば、それが当たり前になり、慣習化し、場合によってはそれへの愛着心もわき、オピニオンとなる。

一般原理としてのオピニオン論

ここまで確認してきたように、テンプルとヒュームによるオピニオン論は、ある意味非常に単純な構造をしている。

統治の基礎・起源は人びとが主観的に共有する意見、つまりオピニオンにある。そしてオピニオンとは被治者側のある種の同意であり、下から支配服従関係を自発的に受け入れるという行為とその作用を意味する。したがって、ただ一人が支配する王政から少数の代表者が実権を握る代議制デモクラシーに至るまで、あらゆるトップダウンの支配は、必ずボトムアップのオピニオンによって支えられている。

この原理は単純であるがゆえに、ほぼこれまでのあらゆる時代、あらゆる地域の統治に当てはめることができる。それゆえにこそ、本書の議論はこのオピニオン論を基盤として成立する。

しかしながらテンプルやヒュームの議論には、彼らの時代背景に深く結びついているせいで、テンプルとヒュームのあいだで違いが生じたり、現代のわれわれがそのまま首肯《しゅこう》できなかったりする部分が含まれている。

たとえばテンプルが安定した強固な支配をピラミッドに比して語る時、彼が理想として述べるのは王政である。だが、下からの強い同意や信頼を集める支配者が単独であることの利点は、彼自身にとっては独自の父権論から導かれる当然の帰結に思えたとしても、英国王チャールズ二世の重鎮だったというテンプル個人の文脈から切り離すことはできないだろう。また、統治を安定強化するためにいかにしてオピニオンを調達するかという点については、テンプルとヒュームとのあいだにも後述するような主張の違いがみられる。

なぜこうした齟齬《そご》が生じるかといえば、それは支配を支えるのに効果的なオピニオンを形成する要因が、どうしてもおのおのの時代背景に拘束されがちだからである。あるオピニオンが広範に受け入れられたとすれば、たいていの場合、その具体的な中身は当時の人びとの価値観や文化といった時代状況に寄り添うものになっている。そしてほんとうは、この「中身」と、それをオピニオンが支えているという「外枠」とは、別の次元の話のはずなのだ。

これまで思想史研究の文脈では、先に述べたような単純だが普遍的な原理と、オピニオン形成に関するより具体的かつ文脈依存的な議論とが、区別されることなくオピニオン論として一体に取り扱われてきた。だが本書では前者を「オピニオン論」とし、後者を別の議論として切り離して分析することとしたい。そしてそれを「正当性理論」(theory of legitimacy)と呼ぶことにしよう。

正当性理論(theory of legitimacy)

支配が安定し長続きするためには、オピニオンの作用も長続きしなければならない。逆にいうと、オピニオンの支えがなくなれば、支配も権威も消失する。であればこそ、政治ないし統治において、どのようにしたらオピニオンを効果的かつ長期的に確保できるかは重要な課題となる。本書で「正当性理論」と名づけオピニオン論と区別しようとしている言説は、まさにこの課題を追求するにあたり、西洋において支配服従の根拠を言葉や論理によって説明しようとして積み重ねられた知的営為を指す。

こうした正当性理論は、今日の政治学でも中心的な位置づけを与えられている。なぜ政治的権威に従うのか、従わねばならないのか。なぜ法を守るのか、守らねばならないのか。その理由・根拠は何か。その限界は何か。政治学ではしばしばこのような問いを掲げるわけだが、これらに対して合理的な説明を与えようとする試みは政治学の重要な要素となっている。

だが、人びとが権力や法にオピニオンを与えることそれ自体と、彼らがそうする理由とは、密接に関連してはいても本来は別々に考察されるべき問いである。テンプルとヒュームが前者の分析においてほぼ完全に一致していながら、後者を語る際にそれぞれまったく異なるアプローチを取ったのは、オピニオン論が普遍性を備えた原理であるのに対し、正当性理論が多かれ少なかれ時代状況に内容を規定されることによる。

テンプルによれば、政治的権威が支持されるメカニズムとは、支配者の示す「雄弁」「美しさ」「高貴さ」によって促された人民のオピニオンが、それぞれ支配者の資質である「賢明さ」「善良さ」「勇敢さ」に向けられるというものである。さらにそれらすべてに勝るものとしてテンプルは、支配者ないし支配層が神に愛されている、あるいは選ばれているというオピニオンをあげる。西洋伝統の七元徳《しちげんとく》や王権神授説を思わせるこれらの語彙を用いた分析が、すぐれて文脈依存的である――要するに現代のわれわれにはちょっとついていけない――ことは言を俟《ま》たない。

対してヒュームは、オピニオンには「利益」に関するものと「権利」に関するものがあると説き、かつ「権利」には「権力に対する権利」と「財産と釣り合いのとれた権利」の二種類があるという。テンプルよりは汎用性の高い議論のように映るが、支配体制が長く維持されていることや、国家のなかで財産と権利との割り当てが均衡していることをオピニオン獲得の根拠とする見解は、やはり一八世紀半ばのイギリスの政治および思想状況を反映しているといえる。だがこのようにそれぞれ当時の歴史的文脈に拘束を受けていようとも、オピニオンの長期安定的な調達を目指す合理的言説となっているかぎり、テンプルのそれもヒュームのそれも正当性理論ということができる。

彼らの主張に限らず、ほかにも宗教や法や真理や論理一貫性などを重視するものといったように、正当性理論にはさまざまなバリエーションがある。くわえて、正当性理論ないし正当性の定義についてもさまざまな見解が存在し、研究者のあいだでそれをめぐる論争があるくらいだが、ともかく本書では、オピニオン論との関連で次のように正当性理論を捉えたい。

正当性理論とは、支配服従関係を支えるオピニオンを調達するための合理的言説である。

そしてオピニオンが常にボトムアップにしか作用しないのに対し、正当性理論はトップダウンの構図を有することも、ボトムアップの構図を有することもある。たとえば王権神授説はトップダウンで、人民主権論はボトムアップということになる。また、このことからもわかるように、正当性理論が支配服従関係を支えるオピニオンを調達するための合理的言説であるからといって、常に支配者による一方的な支配ばかりを強化するわけではない。確かに王権神授説の場合はそうかもしれない。だが、人民主権やデモクラシーのようなボトムアップの理論においては、逆に市民がオピニオンの調達を通じて政治に働きかける、あるいは政治を行う、という点が（少なくとも理念上は）重要となる。

なお本書では、どの正当性理論が妥当か、正しいか、論理一貫性を保っているか、といったことを問題にしない。多くの論者にとってはまさしくそこが争点となったりするわけだが、本書の関心はそこにはない。あくまで一貫してオピニオン論を基盤としたうえで、異なる歴史的文脈のなかで生まれた異なる正当性理論がオピニオンとどのような関係になっているかに注目し、正当性理論とオピニオン作用とのずれ、およびそのずれが拡大することによって正当性理論が変遷していく過程に焦点を当てる。

その際、特に国家論（これも正当性理論の一種）の生成と展開の過程に注目するが、そこからはある国家論のオピニオン調達機能が低下することによってその権威が失われ、別の——よりオピニオン調達に適した——国家論が台頭するプロセスがみえてくるだろう。

オピニオン論の普遍性——何が明らかになるのか

本書では以上のことを西洋の政治思想史的文脈に限定して論じるが、これまで何度か述べたように、オピニオン論そのものは洋の東西を問わず、また今も昔も通用する原理である。一八世紀末から一九世紀前半にかけて活躍したフランスの政治家タレイランは「銃剣によって何でもできる、その上に座ること以外は」といったとされるが、これはいつでもどこでも真実である。力ずくで権力を獲得したり奪取したりすることはできるかもしれないが、支配者がそれを持続的に保持するためには、人びとの長期的な自発的服従、つまりボトムアップに作用するオピニオンが必要となる。民意が支配権を後押しする、あるいは民意が失われると支配権も失われるという洞察は、西洋の専売特許ではない。

ただ、なぜ支配者の命令や法に従うのか、従うべきなのか、といった問題を自覚的に問い、支配服従の理由や根拠を合理的に説明しようとする正当性理論がどの文化圏にもあったかというと、もちろんそうではない。おそらく中国には天命を中心とする正当性理論があったといえるだろうが、それが堅固な支配体系を築くのに必須だったというわけではない。むしろ人類史上には、支配服従の根拠を意図的に言語化せずにおき、かわりに儀礼や仕来りや物語、あるいは祭りやダンスや音楽などによって服従の感覚を醸成する——というやり方でこそ、広く強い支持を集められた例も多い。

一方、民意に見放されたら支配権も失われるという考えはどの文化圏でも理解され、その意味でオピニオン論のほうが正当性理論より普遍妥当性を有しているといえよう。オピニオンの調達方法は多様であり、正当性理論のような合理的言説に依拠する場合もあれば、必ずしも言語化されず感性・情緒・身体などを通じて受容され継承される場合もある。ちなみに西洋においても、オピニオン調達は正当性理論のみによってなされるわけではない。テンプルやヒュームも指摘しているように、オピニオンは慣習や信頼や信仰や利害関係や権利意識などによって、なかば感性的・情緒的に（またしばしば無自覚的に）調達されたりもするのである。

このように考えると、必ずしも理論のような合理的言説に頼らずとも、支配の正当性について論じることが可能になる。社会学者マックス・ウェーバーの正当的支配の三つの類型「合理的支配」・「伝統的支配」・「カリスマ的支配」は、そうした多様性を説明するための概念装置となっているし、「すべての支配は、その〈正当性〉に対する信仰を喚起し、それを育成しようと努めている」と述べていることからもわかるように、ウェーバーもまた、支配・統治にとってオピニオンの調達――彼のいう「信仰」がオピニオンに相当する――が決定的に重要である点を理解している。

さらに細かいことを述べると、ウェーバーは正当性について論じるなかで、実際どのような要因がオピニオン調達にとって――あるいは、「正当性に関する信仰を喚起し、育成」するために――有効かを、いわば事実的に捉えようとしている。つまり、人びとはなぜ一定の支配を受け入れるのかを、事実問題として明らかにしようとしており、右の三類型は、それを解明するための理論的道具という位置づけを与えられているのである。

それに対して、正当性について論じる際に事実から離れて、どのような支配が正しいか、あるいは真実に適っているか、どのような支配を人びとは受け入れるべきか、といったように当為を重視するアプローチもある。こうしたアプローチもまた西洋の専売特許では決してないが、にもかかわらずこれからみるように、西洋の政治思想的伝統においては当為や正当性について理論的に思索する傾向が強かったのも事実である。しかもその場合、正しい理論を導けばオピニオンは自ずとついてくる、と自明視されることがしばしばあった。

国家論という、国家的統治の正当性を理論的に(少なくとも言葉によって)説明しようとする試みは、まさにこうした知的伝統の延長線上にある。そのようにして台頭した国家論が西洋諸国の統治原理となり、後にグローバル・スタンダードになったのであればこそ、非西洋諸国の人間にとっても西洋発祥の国家論は他人事ではなく、ここで中心的に扱うゆえんでもある。

だが、本書の目的は、西洋の覇権がどのようにして非西洋に及び、非西洋においても西洋的な言説や制度が普及していったかという歴史的叙述ではない。そうではなく、オピニオン論という視角から国家および国家理論の生成と展開をみることによって、つまりオピニオンの作用とオピニオン調達の言説とのずれに着目することによって、国家に関する理論的営為がいかに現実を構成し、現実から乖離し、機能不全に陥り、どのような政治的課題を今日われわれに突き付けているかを明らかにすることを目指しているのである。

西洋において成立し発展した国家理論は、確かに今日の世界的現実を構成する重要な言説となっている。だが、その言説のオピニオン調達能力が低下すれば、当然ながら国家という統治機構の機能も低下し、正当性も減退する。これは統治の危機を意味する。

第二章以降の議論で明らかになるように、理論が正しいから国家が正常に機能するわけでは必ずしもない。デモクラシーも同様である。仮に正しい理論があったとしても、それがオピニオンによって支えられなければ、まさに机上の空論になってしまう。そもそも、理論の正しさを追求することが重要であるというオピニオンがあってこそ、正しい理論が力を帯びうるのである。同じように、法が重要だというオピニオンがあればこそ法的言説は秩序形成原理として機能し、宗教を信じる人が大勢いるときにのみ王権神授説は信憑性《しんぴょうせい》を獲得しうるのだ。正しさや論理一貫性を追求する論者の多くは、しばしばそのことを忘れ、理論構築にのみ専念する。あたかもそれに成功すればオピニオンも自ずとついてくると当然視しているかのように。

だが、オピニオン論を重視するのであれば、そうでないことが明らかになる。どのような正当性理論や統治形態が実際上オピニオンに支持されるかは、論理や真理によって先天的に決まるものではない。それは文脈に依存しており、文脈は歴史の産物である。またオピニオン論の教えるところによれば、理由や根拠や内容が何であれ、ある意見が大勢の人間によって共有されればそのオピニオンは力を帯び、現実に影響を及ぼす。虚偽ないしフェイクニュースだからといって影響力がないわけではないし、真実がいずれ必ず勝利するわけでもない。

であればこそ、国家の正当性理論、わけても「死なない国家」の生成と展開過程について論じる場合も、それが正しいか否かではなく、論理的に一貫しているか否かでもなく、オピニオンに支えられているかどうかという視角から歴史的に捉えるのも有効といえるだろう。

第二章　中世のボディ・ポリティック
――「死なない王」のオピニオン

1　「王」――近代国家の起源

「死なない王」

当たり前と思われるかもしれないが、国家が死ななくなる前にまずは国家が存在していなければならない。そして、国家がフィクションであるならば、つまり人間の作為の産物であって天与のものでも自然物でもないとすれば、それはある時代にある場所である人間集団によってつくられたものということになる。

国家の起源には諸説ある。近代の産物と考える者もいれば、それよりはるか昔から存在していたという論者もいる。そもそも国家の定義をめぐっても意見は分かれる。本書ではそうした論争に立ち入ることはせず、近代ヨーロッパにおいて成立した統治機構としての主権国家のみを扱う。繰り返しになるが、それこそが現在多くの人間が暮らす国家にとり直接の原型となっているからである。

そしてまずは、この国家に先んじて中世に生じた「死なない王」という考えに焦点を当てたい。実をいえば、国王が死ななくなるのとほぼ同じ頃に、王国や帝国もまた死なないものとして語られるようになった。だが近代主権国家の論理はむしろ「王」にまつわる言説に多くを負っているといえる。支配者たる王なくして、統治機構について語ることは不可能だったからだ。

不死性の希求

古来より、永遠の生命を希求してきた支配者はたくさんいる。古代メソポタミアの叙事詩『ギルガメシュ』の後半はまさにそういう話であり、エジプトのファラオや古代中国の皇帝が死ねば、来世でも快適な生活を送れるようにと、さまざまな儀式や供犠《くぎ》が執り行われた。そしていうまでもなく、身体そのものの不死は望まなくとも、自らの精神や名声の永続性に執着する権力者は多くいる。あるいは権力者本人ではなくその周囲の人間たちが、彼の象徴する体制を維持しようとして、オピニオン調達のために権力者を不滅のシンボルに仕立て上げることもある。現代における実例は、モスクワの赤の広場にあるレーニン廟《びょう》だろう。ガラス越しに見えるレーニンの遺骸には防腐処理が施されており、一〇〇年近くものあいだ定期的なメンテナンスの手間と莫大なコストをかけて維持されてきた。

もっとも、長生きしたい、永遠の生を獲得したいと願うのは支配者だけではない。今日、科学技術の進歩や死生観の変化がそうした願望に何をもたらすか、そのありうる政治的影響については、第六章と結で検討する。ただ、絶大な権力や富や影響力を誇る（あるいは目指す）人物のほうが、概してそういう欲求が強いともいえよう。個の生物学的死は避けられないとしても、自己の存在ないしその痕跡と影響力を、レガシーや伝説や作品や思想や組織や記念碑やシンボルなどといった形で死後も残したいと思う者は、決して少なくないのである。

ちなみに、思想家や芸術家もしばしば自らの著作・作品が不朽のものとなり、後世にも影響を及ぼし続けることを欲する。

たとえば、功利主義思想を唱えたことで有名なジェレミー・ベンサムの遺体は、彼自身の遺言に従ってミイラ化され、今日もロンドン大学の一室に展示されている。ただし彼はその意図を書き残さなかったので、ほんとうに自らの学問的業績と名声のみならず身体までも不朽となることを望んでいたのか、献体によって医学に貢献したかったのか、はたまた単に大掛かりなジョークのつもりだったのか、よくわかっていない。実際、自分の骨格は生前のとおり愛用の服を着せ愛用の椅子に座らせて箱に収め、「それ以外の柔らかい部分」はガラスケースに入れておき、弟子や友人たちが功利主義の第一人者を偲《しの》ぶ機会があればその箱やらケースやらを「出席者が会えるように部屋に運んでほしい」と結んである遺言を読むと、大真面目だったのか壮大なギャグだったのか皆目見当がつかない。

それはさておき、ここではまず中世ヨーロッパにおいて、どのようなプロセスを経て王と王国が不死性を獲得するに至ったかをみることにしよう。

2　宗教と法――不死性の言説

王権神授説――宗教的言説によるオピニオンの調達

これも当たり前と思われるかもしれないが、王が死ななくなる前に、まずは王が存在し、その地位が確固たるものになっていなければならない。そしてそのためには、王の権威と支配が(潜在的ライバルも含めて)周囲や臣民から自明なものとして認められる時期が長く続く必要がある。いいかえると、自発的服従を導く安定的オピニオンが被支配者のあいだで広く共有されていなければ、王は死なないことを求められないのだ。ライバルからしたら、むしろ早々に死んでほしいに違いない。

こうした事態を避け、支配を安定させるオピニオンを調達するために、王権はさまざまな手段に訴える。なかでもここで注目したいのは、ヨーロッパの中世から絶対王政期にかけて固有の発展を遂げた王権神授説である。これは「王の権力は神によって与えられた」とする正当性理論であり、王権の伸張ひいては絶対化を進める際に、有力なオピニオン調達装置として機能した。そしてその過程で、王と王国に不死性を付与することになったのである。

ではなぜ神を持ち出し、宗教的言説に頼ることがそれほど有効だったのか。その答えは、中世ヨーロッパでは大半の人間が敬虔なクリスチャンだったことを考えれば、比較的簡単にみつかるだろう。

当時キリスト教は、世界観や人間観、道徳、社会のあるべき姿、個人のアイデンティティなど、ありとあらゆるものの見方の根幹をなしており、それらをほとんどの人びとが共有していた。人間にとって価値あるものはすべて、神によってその価値を与えられていたのだ。教会のトップたる教皇に備わる宗教的権威と、神聖ローマ皇帝や国王たちが担う世俗権力は、その最たるものだったといえよう。これらは現世に与えられた「神の二つの剣」と呼びならわされ、二つというからには曲がりなりにも聖と俗が区別されているはずなのだが、今でいうような政教分離など、中世人の脳裏には浮かぶべくもなかった。むしろ聖と俗が時に協力しあい、時に足を引っ張りあい——ある意味、神を持ち出しているわりには非常に人間くさい仕方で——権威や権力について語る言葉を生み出していたのが、中世ヨーロッパという世界である。

そのうえ、キリスト教はあの世において永遠に続く真の幸福についてさえも語る声を持っていた。つまり、現世から来世に至るまで、多くの人間が持ちうる視野とそれにまつわるオピニオンをすっぽりその射程内に収めていたのである。そうした時代なればこそ、王権が自らの安定と伸張を図るのに宗教的言説を取り入れたのは当然であった。

ただしそれは同時に、王にはキリスト教的である以外の道がなかったことも意味する。王自身が敬虔《けいけん》であろうとなかろうと、良きキリスト者としての役割を放棄した王権に正当性はない。王がキリストの教えに反した振舞いをするならば人心は離れ、オピニオンを失い、権力は瓦解する。宗教的言説を用いて統治原理を語りオピニオンを集めるというのは、そういうことである。

では具体的にどのような言葉が使われていたのだろうか。代表的な例として、新約聖書「ローマの信徒への手紙」(以下「ローマ書」)一三章を引いてみよう。

「人は皆、上に立つ権力に従うべきです。神によらない権力はなく、今ある権力はすべて神によって立てられたものだからです」(一三・一)。

「従って、権力に逆らう者は、神の定めに背くことになり、背く者は自分の身に裁きを招くことになります」(一三・二)。

「権力は、あなたに善を行わせるために、神に仕える者(神の代理人)なのです。しかし、もし悪を行えば、恐れなければなりません。権力はいたずらに剣を帯びているわけではなく、神に仕える者として、悪を行う者に怒りをもって報いるからです」(一三・四)。

これが王にとって都合のよい言説であるのは一読して明らかだろう。王は自らが「神の代理人」であり、その権力は神に由来しているため、人びとは王に絶対に服従する義務があると説くことができる。中世から絶対王政期にかけて、王権の絶対性を正当化する際に幾度となくこれらの言葉が援用されたのも不思議ではない。キリスト教とその聖典がすこぶる重視されていた時代において、こうした言説はオピニオン調達にとって非常に有効だった。

ただし話を先に進める前に、聖書の言葉が孕む多義性について触れておかなくてはならない。実は聖書にはこれとだいぶ趣を異にする言葉も記されている。たとえば、新約聖書「使徒言行録」には「人に従うより、神に従うべきです」(五・二九)とある。この教えは不正な支配者に対しては抵抗してもよいと解釈できるし、事実そう解釈されることもしばしばあった。その意味で、聖書はどこを抜き出すかによって王権を支持するためにも、相対化するためにも用いることができる。

さらにいうと、同一の文言であっても異なる解釈、しかも対極的な解釈に繫がることがある。「ローマ書」一三章にしても、権力について語りつつ、神に仕える者としての義務と責任を支配者自身に負わせているとも読めるのだ。解釈の力点を支配者に委ねられた裁量におくか、課せられた責任のほうにおくかで、王権に対する正反対の主張を唱えることが可能なのである。あるいは後にみるボシュエのように、君主の絶対的主権への擁護と、その権力の恣意的行使を批判する視座とを両立させる読み方もできよう。こうした多様な解釈を生む懐の深さは、聖書がこれほどに人びとを惹きつけた魅力の一つであったかもしれないが、ひとたび対立が深刻になれば国を二つに割って人びとを争わせるほどの憎悪に繋がった。だがそれはまた後の話である。

ともあれ、中世から絶対王政期にかけて、王権の絶対性を正当化する目的でこの言葉が何度も援用されたのはまぎれもない事実である。本来の意図や解釈の両義性がどうであろうと、王権伸長に必要なオピニオンの調達にとってあまりに都合がよかったのだ。

だが、神は王に権力を与えたとしても、不死にはしなかった——少なくとも、そうはっきりとはいわなかった。神によって立てられた権力が死ななくなるためには、宗教的言説のみではなく、それと深く関わりつつ独自の発展を遂げた別の言葉の力が必要となる。すなわち、法的言説である。

法的言説——王の支配の安定化

そもそも、王が死なないとはどういうことなのか。王が「神の代理人」となり大きな権力を掌握したところで、王が生身の人間であるかぎり、生物学的死を免れることはできない。となると、王が死ななくなるためには、生身の人間であることをやめ、別の何かにならなければならない。しかし、一体何に？

結論から述べると、王は法的フィクションになる必要がある。第一章冒頭でフィクションは人間の作為の産物であると述べた。法的フィクションとしての「死なない王」とは、王座につき、年を取り、病に罹《かか》り、怪我を負い、いずれ死に、また次に王座につく歴代の王たちみなを粘土のように合わせて練り上げられた概念としての王である。彼らは決して重複することも空白をつくることもなく、王位を占め続ける——あたかも一人の王がずっとそこにいるかのように。

いささか唐突で、しかも王を語るのには庶民的すぎる喩《たと》えかもしれないが、金太郎飴を思い出していただきたい。個々の王がその都度一つずつ切り出された金太郎飴のかけらだとすれば、「死なない王」は決して途切れない一本の長い長い飴に描かれたモチーフとしての金太郎である、としたらイメージしやすいだろうか。しかし無限に続く金太郎飴がこの喩えのなかにしか存在しないのと同じく、時を超えて生きる「死なない王」もまた法的言説のなかにしか存在しえない。と同時に、それは法的言説のなかではまるで実体を持つかのように作用する。本来存在しないものを言葉でつくり上げ、あたかも存在するかのように扱うことで、現実に働きかけるだけの作用を虚構に与えるのが、フィクションの作用である。

ではなぜ、そしていかにして、法はそのような王のフィクションを生み出すに至ったのか。

そのプロセスは決して単純ではない。というのも実際の歴史的展開は、教皇や皇帝や都市国家や公会議といった、王以外のアクターが我も我もと参戦した、長きにわたる論争と権力闘争の結果として生じたからである（その際、一二世紀に再発見されたアリストテレスの政治学もしばしば重要な役割を担ったが、残念ながらここではそれについて言及する余裕はない）。

法的言説が「死なない王」を語る言葉となったのは、一般に法が人間の集合的行為に対し一定の方向性、持続性、安定性、予測可能性を与えることを目指すからである。人による支配は不安定だが、法にはそれを制度として固定化し、安定させる力がある。

歴史的にいえば、多くの王座の起源は一人の優秀な軍事的リーダーにある。彼は卓越した武力で王たる地位と権力を獲得する。だがそれはいつまでも続かない。英雄も寄る年波にはかなわないかもしれないし、天寿をまっとうして息子に後を継がせたとしても息子の出来が悪いかもしれない。あるいは、さらに優れたライバルが現れて王位を奪われるかもしれない。王座を安定させるオピニオンの調達を王の個人的資質に頼っているかぎり、同じことの繰り返しである。しかし王という職位が法で定められ、それを担う者を法が順に指名していくなら——したがって、地位や権能や機関としての王座なり王冠なりが個人としての王から法によって切り離されるなら——一人の王が死んだとしても、王の支配という制度が倒れることはない。そしてさらにその体制が王朝として長期化すれば、法に加えて伝統や慣習もその強化に役立つようになる。調達されるオピニオンはより堅固さを増し、王政はいよいよ安定する。

さて、では中世ヨーロッパではどのような法的言説で王が語られたのだろうか。

君主《レックス》と法《レックス》、権力《ポテスタース》、団体《ウニヴェルシタス》——ローマ法が生んだもの

一一世紀末、その後西ヨーロッパにおける法的言説の充実に爆発的ともいえる影響を与えた事件が起きた。ローマ法（ユスティニアヌス法大全）の再発見である。古代ローマに存在していたさまざまな法をユスティニアヌス帝が編纂させたこの法典は、ボローニャに集まった法学者たちによって「書かれた理性」とみなされ、熱心な研究が進められた（ちなみにこれが世界最古の大学の起源である）。そしてローマ法の理解を深めた法学者たちは教会法を含めた既存の法を体系化する術《すべ》を手に入れて、さらにそこから新たな法概念を創出していった。

すでに述べたとおり、王や皇帝たちは自らの支配を権威づけるために宗教の力を借りていた。だが教皇のほうも、その権威を守るためには世俗権力の強さに頼らねばならなかった。聖俗どちらも相手の威光を必要とし、お互いがお互いなくしては存在できないような相互依存関係にありながら、隙あらば自らの権力を拡張し優位に立とうして権力争いを繰り返していたのが中世という時代である。法学者たちが生み出す新しい概念は権力伸張のための武器となり、効果が目覚ましいとわかれば競争相手がすぐにその真似をした。そうしてさまざまな陣営から繰り

返し正当性理論として持ち出されるうちに、法的言説は鍛えられ、刷新され、洗練されていったのである。

ここでは相変わらず話を単純化せざるをえないが、王権を語るのに用いられた表現のなかでも、後世への影響という点で特に重要なものを三つ取り上げよう。

まずは、君主と法との関係性を表した原理として、王法理論(lex regia)に注目したい。そこには次のような法諺《ほうげん》が含まれていた――「君主の欲するところのものは法の効力を持つ」、そして「君主は法の拘束を受けない」。これが皇帝や王たちにとって有力な後ろ盾となりうるのは容易に想像できよう。だが中世の法にまつわる議論を甘くみてはいけない。なんと教皇も「教会の君主」や「真の皇帝」を名乗ることで、王法理論を援用することができたのである。さらに「コンスタンティヌスの寄進状」(四世紀のローマ皇帝コンスタンティヌスが教皇シルウェステル一世に帝国のすべての支配権を譲渡したとする文書)を持ち出して、皇帝に対する優位を主張することもあった――が、実はこれは八、九世紀に捏造された偽文書であることが一五世紀に確定している。中世の権力闘争は、そのほかにも神や法や正義を司る者たちがほんとうにこれでいいのだろうか、と思うような強引な主張のオンパレードであり、眺めているぶんには大変に人間味があって親近感もわくのだが、残念ながらその詳細に立ち入るひまは今ない。

次に、権力の絶対性に言及した「十全なる権力」(plenitudo potestatis)と「絶対権力」(potestas absoluta）を挙げよう。これらは王法理論とは反対に、教皇のための概念が皇帝や王に用いられるようになったものである。前者はローマ法を下敷きに教皇の首位性や裁治権を表しており、後者は非常事態において人定法のみならず自然法や神法をも超えて法を制定しうる権力を教皇に帰すため、教会法学者によってつくり上げられた。しかし、こうした強大な権力論をおとなしく教皇だけの専売特許にしておく理由は皇帝にも王にもなく、帝権や王権を語る際にも同じ表現が登場するようになるのは時間の問題であった。そしてこれが原型となって近代は主権概念を生み出したのだ、とする見解もある。そうであるとして、はじめにすこぶる歯切れよく絶対的な権力について語りだしたのが皇帝でも王でもなく教皇のほうだったというのが、中世の複雑さであり面白さである。

最後に、ローマ法から生まれ「死なない王」の成立に直接大きく関わった法理論として、「団体」（universitas）に触れねばならない。団体はローマ法においては「多くの人びとの集合体」を意味していたが、教会法学者によって「擬制的人格」（persona ficta）という法的フィクションを与えられることで、さまざまな組織の永続性を語るのに用いられるようになった。

こう書くといかにも耳慣れぬ単語ばかりが並ぶが、実はこの団体理論は、現代に暮らすわれわれにとっても馴染みのある考えのはずだ。ここでは金太郎飴ではなく、会社や学校などの「法人」を思い浮かべていただきたい。社員、教員、学生は毎年のように入れ替わるが、そのせいでいちいち別の会社になったり新しい学校に変わるわけではない。それらが常に同じ会社同じ学校であり続けるのは、法人がメンバーの変化も時間も乗り越えて、同一のものとして生き続けるからにほかならない。これが法的フィクションとしての人格である。

この「団体」は、もはやある時ある場所に集まった人びとの単なる集合体ではない。そこには恒久的な連続性が含意されており、組織に時間を超えるほどの安定性を与えてくれるのだ。したがって「団体」理論は、教会全体はもちろん聖堂参事会や修道会、公会議、教区にも、また世俗領域では大学や職業組合などの小さな集団から都市国家や神聖ローマ帝国そのものに至るまで、ありとあらゆる組織に援用された。むろん王国とて例外ではない。団体概念を経由して、王国には不死性が与えられたのである。

そしてさらに、団体が時を超越したことはその適用範囲に新たな地平を拓いた。その職位に就く歴代の人物の繋がりを過去から未来まで見通すことで、本来集合体ではないはずの教皇や皇帝、そして国王をも団体として捉えることが可能になったのだ。

「団体は死なない」(universitas non moritur)。ゆえに王国も死なない。

次は王の番である。

3 「王は死んだ。国王万歳！」——イメージとシンボルの力

王の二つの身体

とはいえ、王国が団体となり死ななくなったところから、「決して死なない王」(rex qui nunquam moritur)という表現が生まれるまでの距離は一跨《ひとまた》ぎではない。実をいえば、そもそも空位は王朝における安定性の危機として当然のように警戒されていたのであり、国王の連続性は理論よりもだいぶ先に慣行のなかで定着していた。にもかかわらず、この慣行と理論を繋げるにはさまざまな鎖の環が必要だったのである。

歴史家のエルンスト・カントロヴィッチはこの環を一つ一つ取り上げて詳細に論じているが、ここでは議論の焦点をこれまで述べてきた法的言説と関わる部分に合わせることにしよう。すなわち、前任者の人格と継承者の人格とを同一視する法的フィクションとしての「威厳」(dignitas)、およびそこから導かれる原理「威厳は死なない」(dignitas non moritur)である。

「威厳」もまたその概念の生成を教会法学者に負っている。これはもとは個々の教皇や司教たちと、彼らが一時的に担うだけの教皇座や司教座などとを区別する時に使われる概念だった。教皇を務めた人間が死んだとしても、教皇の「威厳は死なない」。教皇座も、教皇座の威光も、

なんら問題なく次の教皇へと引き継がれるからだ。したがって生前の教皇が個人として下した決断は、彼の死とともに無効となる。だが決断が教皇の威厳にもとづいてなされたならば、それは永遠に効力を失わないのである。

そして法学者たちは、この「死なない」という共通点によって、教皇の職位と団体理論とを接続できることに気がついた。つまり歴代の教皇は教皇座に永続的に備わる威厳を順に担う者たちであり、継承によって一個の死なない団体を構成しているのだ、と。

この論理は速やかに教皇から皇帝へ、そして国王へと移されていった。先にいささか間の抜けた(そして今や威厳について語るにはあまりに威厳に欠けた)比喩だと自覚しつつ金太郎飴を引き合いに出したのは、この継承という連続性が肝要だったからにほかならない。国王は死すべき一人の人間であると同時に、王に備わる威厳を付与された歴代国王の一人でもあり、後者の意味においては決して死ぬことがない。王の威厳は死なず、その威厳に与《あずか》るかぎりにおいて、王もまた死なないのだ。

中世のある法学者は、この王のなかに二つの人格を認めていた。死すべき「個人的人格」と、決して死なない「理念的人格」である。この考えは、初期近代に入ってからチューダー朝イングランドで唱えられた「王の二つの身体」という論理と驚くほど似ている。それによれば、王は「自然的身体」(body natural)と「政治的身体」(body politic)の二つの身体を持っており、前者は死すべき存在だが、後者は王権や王位や王冠といった法的フィクションないし権力機構であるがゆえに、不死の存在となるのである。

かくして、王は死ななくなった。「自然的身体」としての王が死んでも、「政治的身体」としての王が存続するかぎり、別の生身の人間が新たな「自然的身体」としての王になるだろう。そして法的フィクションとしてつくり上げられた王国と国王は、ともに生き続ける。

「死なない王」を死なせないために

しかし、こうして誕生した「死なない王」はどこまでも法的フィクションであり、いうなれば作り物の体にすぎない。フィクションに現実のような存在感と力を与えるのはオピニオンであり、オピニオンの支持がなければフィクションはすぐにも崩れ去ってしまう。ゆえに、「死なない王」を死なせないためには人びとに訴えかけるさまざまなイメージやシンボルを用いたパフォーマンスが必要となる。

そのよく知られた例の一つが「王は死んだ。国王万歳！」というフレーズだろう。読者のなかには、海外のドラマや映画などで聞き覚えがある方もおられるかもしれない。これは自然的身体としての王がこの世を去るや否や、王の死を告げると同時に新たな王を寿《ことほ》ぐことで政治的身体の連続性を表明する、象徴的行為である。たとえば映画『英国王のスピーチ』では、ジョージ五世が崩御した直後に、王妃が震える声で「国王万歳！」といいつつ長子エドワードの手に口づけするシーンが描かれた。科白に表れるのは「国王万歳」のみだが、実はこの時流れている音楽のタイトルが「王は死んだ」である。王は戴冠式で王になるのではない。エドワードはとうとう戴冠しないまま王座を降りてしまうが、父王の命が消えた瞬間から弟に譲位するまで、彼は紛れもなく英国王エドワード八世だったのである。したがって、英国王は途切れることなく存在し続ける。

しかし戴冠式にも意義はある。大聖堂で教皇もしくは高位聖職者の手で王の頭上に冠が置かれ、塗油《とゆ》される――それは王が神に選ばれ、神の代理人となり、神から権力を授かることを端的に表現している。この一連の儀式には、宗教的な意味のみならず伝統に根ざした要素もふんだんに散りばめられていた。たとえば君主への塗油はフランク王ピピンにまで遡るし、イギリスにおいて一三世紀からチューダー朝まで使われた王冠はエドワード懺悔王ゆかりの聖遺物である(ゆえに清教徒革命の際に破壊されてしまうのだが、王政復古とともに作り直され、いまだに「エドワード懺悔王の冠」としてイギリスの戴冠式で使われている)。戴冠式は、伝統と宗教に支えられた王朝の正当性を人びとに広く強烈にアピールするための一大イベントなのだ。

一七世紀のエドワード・クックの次の言葉は、こうした戴冠式の位置づけをよく表しているといえよう。彼によれば、戴冠式は「単なる装飾、単なる儀礼にすぎず、権限の本質的な条件ではない」が、「王家と家系を荘厳なものにする」うえで有効である。王はほかならぬ神から直接権力を授かるのであって、聖職者の手助けは必要ない。だがその王朝は人びとによって選択され支えられているのも事実である。カントロヴィッチがいうように、「新しい王の統治は、神と人民のみによって——〈人民が行動し、神が霊感を与えることによって〉——法的に正当化されたのである」。

もう一つのボディ・ポリティック——身体としての国家・神秘体としての国家

法的フィクションとして不死の人格を与えられ、オピニオンによって支えられることで、王国と国王はともに死なない存在となる。そのフィクションをカントロヴィッチは「政治的身体」と名づけたわけだが、実はこの body politic という言葉には、これとは別に古代ギリシアに始まるはるかに古い言説の系譜がある。このもう一つのボディ・ポリティック論（日本語では「国家有機体論」「国家身体論」と訳されることが多い）は、国家全体を一つの身体として捉え、さまざまな官職や組織などをその役割に応じて人体の各部位にわりふることによって、国家内の機能をわかりやすく語るための比喩である。

残念ながら、ヨーロッパにおけるその歴史をイソップやプラトンからすべてたどる余裕はない。一例として、中世においてボディ・ポリティック論を最も体系的に展開したソールズベリのジョンと、フランスで活躍した著述家クリスティーヌ・ド・ピザンの議論を表としたものを左に示そう。

ソールズベリのジョン『ポリクラティクス』

人　体	国　家
頭	君　主
魂	聖職者
心　臓	元老院
胃・腸	財務官と記録官
脇　腹	君主の側近
目，耳，舌	裁判官と州長官
武装していない手	役　人
武装した手	兵　士
足	農民・職人

クリスティーヌ・ド・ピザン『ボディ・ポリティック論』

人　体	ボディ・ポリティック
頭	君　主
手と腕	騎士と貴族
腹，下肢，足	平　民

いずれも、頭部を君主が占めている点に気がつかれるかと思う。前者が聖職者を魂とし頭をも導く役割を与えた――カンタベリ大司教の右腕としては当然である――のに対し、後者のほうは宗教的要素を人体構造に反映していないという違いはあるにせよ、二人に共通するのは、善きキリスト者たる君主に全体の「共通善」を追求する責務を課したことである。頭は全体を統括する権限を持つがゆえに、他の部位はその指示に従わねばならない。しかし頭もまた全体に配慮することが求められるのだ。

そしてプラトンをすっ飛ばしておいて何だが、ピザンについてここで少しだけ付言しておきたい。彼女はヨーロッパ史上、女性で初めて文筆で身を立てた職業作家である。恋愛詩で世に出たが、のちに上で紹介したような政治的著作(ちなみにそのなかで、彼女も王と領主に対する民衆の服従義務を説くのに「ローマ書」一三章を引いている)も残しており、その功績は近年まで忘れられていただけに一層の注目に値する。

さて、中世におけるボディ・ポリティック論に言及する際、もう一つ見落としてはならない議論がある。それは、キリストの体から転用されて教会や信徒の共同体を指すようになった、「神秘体」(corpus mysticum)をめぐる言説である。

キリストを頭とするこの「教会の神秘体」は、すでに述べた団体理論、そしてアリストテレスの「道徳的政治体」概念とも結びつきながら王国と同一視され、やがて君主を頭とする「国家の神秘体」を生み出すに至る。ボディ・ポリティック論は王と王国との一体性とともに、その神秘性を語ることも可能にしたのである。そしてこの聖性は、ジョンやピザンの議論で君主が全体への配慮を求められたのとは対照的に、構成員に対して国家および君主のために自己を犠牲に捧げさせさえする。

『祖国のために死ぬこと』のなかで、カントロヴィッチは次のように述べた。

ひとたび「神秘体」が、人民の「道徳的政治体」と同一視され、国家や「祖国」と同義になると、「祖国のための」、すなわち法人的な神秘体のための死は、以前の高貴さを回復するのである。祖国のための死はいまや、真に宗教的な観点から見られている。つまりそれは、教会の「神秘体」と同じように現実性を持つ国家の「神秘体」のための犠牲として現れるのである。

王が国内で広くオピニオンを獲得していたとしても、外敵から侵攻されれば王国もろともに命を落とすこともありうる。この時、「死なない王」を死なせないためのオピニオンは、人びとに「死なない王」の代わりに死ぬよう求める。「神秘体」という概念は、彼らがそう強いられるのではなく、自ら死を望むほどにオピニオンが高まりうることを示唆している。

たしかに、この自己犠牲の精神や共有意識は中世に特徴的な宗教的言説やオピニオンのあり方に端を発している。しかし世俗化したはずの近現代において、国家に寄せられる愛国心やナショナリズムの求心力がこれに劣っていたと、はたして誰にいえようか。

第三章　近代主権国家の誕生

――「死なない国家」のオピニオン

1　抵抗の論理——それでも王を殺すには

「死なない王」のアンビヴァレンス

前章のような議論を経て、王権は拡張され王は死ななくなった。だが初期近代の王国と王を取り巻く情勢は、安定と呼ぶには程遠いものだった。それは王権を擁護する論理が広く認められなかったからではない。むしろ、その同じ理論が王権に牙をむいたがゆえの混乱だったといえる。

歴史にはアイロニーとアンビヴァレンスがつきものである。王権を強大化する論理が王権の制限に援用され、時には「死なない王」を守るために王が殺されることさえあった——という事態を、ほかに何と呼べるだろう。

王は確かに二つの身体を獲得したが、この「政治的身体」と「自然的身体」の価値は同等ではなかった。個人としての王、つまり彼の自然的身体は「政治的身体」と重なるかぎりにおいて王たりうるのだ。王のあるべき姿から外れた彼の振舞いは、政治的身体としての王と対立し、害をなすものとみなされるようになる。
実は、個人としての王から分離したのは政治的身体だけではなかった。やはり中世のうちに同じようなプロセスを経て、王国全体の最高権威を表す「王冠」も、王国の公的財産である「国庫」も、法的フィクションとして永続的な人格を与えられ、国王個人の手から解き放たれた。国王はいわば後見人として、彼の子孫に継承されていく王冠や国庫を守る義務を負い、王位継承のルールを無視したり王国の財産を自由に処分したりすることはできなくなったのである。

法と宗教によって時を超え権力を拡大した王権は、まさにその法と宗教によって縛られることとなった。両者、あるいはいずれかに反してまで絶対的かつ恣意的に振舞えば、王とて玉座から追われ咎《とが》を負う。

一七世紀イギリスのチャールズ一世は「われわれは王を守るために〈王〉と戦う」と唱えた議会に反旗を翻され、首を斬られた。その次男ジェームズ二世は「プロテスタント信仰および法と自由を維持し、国民の正当な権利を守る」ことを掲げた名誉革命により、国を追われた。「死なない王」がさらなる安定性を獲得するためには、こうした王を殺す論理の正当性を覆す何かが必要となる。最終的にそれは「主権」(sovereignty)概念として結実し、近代主権国家の成立へと向かっていくのだが、近代ヨーロッパはその過程で数々の深刻な内部分裂に苦しむここととなった。
神に選ばれたはずの王をいかに正しく殺すか、そしていかにして殺させないか――人びとは実際に武力で争いながら、同時に正当性理論においても激しく戦っていたのである。

暴君放伐論《モナルコマキ》――団体としての人民

まずは一六世紀フランスに目を向けよう。そこには法と宗教によって不死性を手に入れた王を宗教ゆえに批判し、法を根拠に抵抗を訴え、王国を瀕死《ひんし》にまで追い込んだ議論がある。すなわち暴君放伐論(モナルコマキ)である。

一六世紀初頭の宗教改革は、キリスト教徒のうちに深刻な対立を引き起こした。ローマ・カトリック教会のあり方に異議を唱えたプロテスタントの運動が国境を越えて広まるにしたがって、両派の反発はエスカレートし、血で血を洗う陰惨な宗教戦争へと発展していく。厄介なのは、人びとが敬虔であればあるほど妥協が困難となった点だ。「真の宗教」はどちらなのかという問いは、魂の救済という人びとの実存ないしアイデンティティを根底から規定する信仰と信仰の争いである。誤った信仰に従っている者(お互いがお互いをそう思っていたわけだが)を見過ごすことすら罪であり、寛容は美徳どころか悪徳とみなされた。

そして一五七二年、その両者の亀裂はある夜を境に後戻りできないところまで先鋭化してしまう。フランス国内でマジョリティを占めていた王権側のカトリックが、融和政策を装ってパリに呼び集めたマイノリティのプロテスタント（ユグノー）を大量殺戮した「サン・バルテルミの虐殺」である。事件はフランス全土に広がり、約二か月にわたって続いた。犠牲者の数は数千とも数万ともいわれている。

それまでプロテスタント側は、キリストの教えに従い王権への忍従を信徒に説いていた。だがこの一方的な殺戮は、王に忠誠を誓いつつプロテスタント信仰を守ることをほぼ不可能にしてしまった。プロテスタントであり続けるならば不正な王には抵抗するほかない、場合によっては王を放伐・殺害することさえ許される——そう訴え始めたのが暴君放伐論（モナルコマキ）である。そしてこの時彼らが抵抗の論拠としたのが、中世において王権拡張に用いられたのと同じ、王法理論（lex regia）や団体理論（universitas）といったローマ法の伝統であった。

以下では暴君放伐論者が王権に対する抵抗理論を展開するなかで、どのようにこれらの法的概念を援用したかを概観するが、それが彼らの主張のすべてではなかったことはお断りしておきたい。そもそもモナルコマキにもいろいろあり——フランソワ・オトマン、テオドール・ド・ベーズ、ユニウス・ブルトゥス（ペンネーム）らの著作が特に有名である——論じ方もまた多様である。しかも彼らは何よりもまずプロテスタントのカルヴァン主義者として語ったため、その言説は多分に宗教色の強いものとなっていた。また、同じ法的伝統であってもゲルマン法や封建的基本法の重要性を説いたものもある。

それでも、ここではローマ法に由来する法概念に焦点を当てることとしよう。王法理論も団体理論も、前章でみたとおり王権の絶対化に用いられたものである。彼らはそうした王権拡張の法的根拠を反転させて、自らの抵抗権の論拠とした。そしてそれが王権の正当性理論の根源を揺るがす大きな脅威となったがゆえに、かのジャン・ボダンは彼らの論理と対決する形で主権論を構築することを迫られたのである。ならば、モナルコマキがどのように王法理論や団体理論を援用したかは、近代主権概念の成立に深く関わっている。

さて、読者の多くはここで王法理論が出てくるのを意外と思われるかもしれない。いくら歴史にアイロニーがつきものだとしても、「王の二つの身体」論のようなアンビヴァレンスが「君主の欲するところのものは法の効力を持つ」という文言に宿りうるだろうか。だが実はこれには続きがあり、アンビヴァレンスの理由はその後半に注目すれば明らかとなる。

> 君主の欲するところのものは法の効力を持つ、彼の支配権について定められた王法(lex regia)に従って、人民が君主にその全支配権と権力とを与えたからである。

これの意味するところは、権力はもともと人民に帰属していて、人民がそれを君主に委譲したことによって君主は絶大な権力を手に入れた、ということである。もちろん、中世において王法理論に言及した権力者たちは、こうした権力移譲が不可逆的なものであると主張した。だがモナルコマキによれば、人民は権力を取り戻すことができるうえに、そもそも権力をすべて譲渡したわけでもないのだ(なお lex regia が取り消し可能という考えはすでに一三世紀頃から存在し、彼らの専売特許でも牽強付会でもない)。

そしてモナルコマキにこのような行為主体としての人民を語ることを可能としたのが、団体理論であった。前章で述べたとおり、この法概念はあらゆる人間集団に永続性と法的人格を付与する力を有していた。団体理論を適用されることで、人民は王国のなかで王とは区別され、独自の意志を持つ集団として自らの声を手に入れたのである(ちなみに人民を団体と捉える考えも一三世紀頃からみられる)。

人民はかつて君主に権力を移譲したが、今もなお王国のなかで永続的な人格として存在し続けている。モナルコマキはここからさらに踏み込んで、王国とは基本的に人民からなるものであり、王は人民の福祉を実現するために設けられたのだとさえ主張する。「人民は王がいなくとも、貴族もしくは自分たち自身による統治によって存続することができる。だが、人民不在の王は想像することすらできない」――「王も私人も可死の人間」であるのに対して、人民からなる「王国は永続的であり、不死」であると彼らは訴える。

これはすでにして一種の人民主権論であり、人民と王との関係を契約に類するものとして捉える視座すらみて取れる。このように考えるならば、君主が人民の福祉を蔑《ないがし》ろにし、不正に権力を振るう以上、人民が王に抵抗し権力を再びその手に取り戻すことは当然の論理的帰結となる。だが人民が団体であればこそ、その抵抗の主体は個人ではなく、身分制議会や貴族といった人民の代表としての「下位の為政者」(magistrats subalterns ou inferieurs)に帰せられていた。抵抗権を語っているとはいえ、フランス革命はまだまだ先である。

ともあれ、こうしてプロテスタントは堅固な抵抗の理論を、つまり武力行使の正当性理論を獲得した。しかしそれはフランス全土を終わりのない内乱の渦に投げ込むこととなり、国家は統治不能の状態に追い込まれていく。この危機を脱するためには、次に国家を語る者がより強力な論理で政情の安定を訴えオピニオンを獲得しなくてはならない。いいかえれば、彼らの抵抗権から一切の正当性を奪わねばならない。

宗教戦争のさなか、ジャン・ボダンがモナルコマキと対決したその知的格闘から生み落とされたのが主権概念であった。

2 絶対主義——新たなルールの新たなゲーム

ジャン・ボダン──「この王国を救う」

ボダンが『国家論』を刊行したのは一五七六年、サン・バルテルミの虐殺から四年後のことである。フランスの宗教対立は収まる気配もなく、いつ暴発するともわからない極度の緊張状態が続いていた。かつての美しさを失い荒廃する祖国を、ボダンは『国家論』の前書きで嵐に揺さぶられる一艘の船に喩えている。船を沈ませぬため、今は乗組員全員がそれぞれにできることを果たさなくてはならない。帆をたたむ者、舵を操る者、錨を上げ下ろしする者、あるいは風を鎮めたまえと祈る者。持ち場も役割も違うが、みな同じ嵐のなかを同じ船で航海している。最も大切にしてきた宝さえ次々海に投げ捨てて、それでも全員が目指すのはただ一つ、「この王国を救う」ことだ。

『国家論』の目的は明確である。国家を安定させ、未曽有の混乱から救い出すこと──そしてそのために、モナルコマキの唱えた抵抗権理論を否定すること。そこで語られる主権概念および国家観は、その課題に対するボダンの応答である。

とはいえボダンの学識は驚異の博覧強記である。カルメル会修道士を志したのち路線変更してトゥールーズ大学で法学を修め教授職に就く、という経歴からも明らかなとおり神学と法学に精通していたのはもちろん、古典古代の哲学、史学、宗教学、自然学、経済学、ルネサンスの人文主義思想からはては鬼神学(demonology)に至るまで、持てる知識がちょっと異常なくらい幅広い。『国家論』で披瀝されるのはそのほんの一部であるにもかかわらず、六巻という大部になっている。パソコンのない時代に書いたことを想像すると気が遠くなるような量だが、そのせいかわずか数ページ前の主張と矛盾するようなことを平気で(しかも結構重要なところで)述べていたりもする。

したがって、本書ではボダンがどのような一貫した理論を構築したかではなく、それによって何をなそうとしたかに焦点を当てることとしよう。すなわち、強力な主権の定義による国家の安定と抵抗権の否定である。

主権の定義

ボダンによれば主権とはすなわち、「国家の絶対的にして永続的な権力」である。法学者だった彼は、主権を法との関係性のなかで語っていく。主権の絶対性は「全臣民に彼らの同意なくして法を与える」ことも可能にする。ボダンにとって、主権とは何よりもまず立法権なのである。そして法は「全臣民、ないし全臣民に関わる事柄についての主権者の命令」であり、その根拠は主権者の「純粋かつ自由な意志」ということになる。

どこか聞き覚えのあるフレーズばかりではないだろうか。法を制定する権力については教皇が「十全なる権力」として中世に語り始め、「君主は法に拘束されない」ことや「君主の欲するところのものは法の効力を持つ」ことは王法理論がすでに定式化していた。だがボダンは決して lex regia や plenitudo potestatis が主権概念の源泉であるとはいわない。それどころか、言葉としては古くから存在するにもかかわらず「今まで法学者も政治哲学者も誰ひとり定義しなかった」主権を、今初めて自分が定義すると高らかに宣言するのだ。ヨーロッパの法的伝統をすべて脳内に蓄積しているはずのボダンが、なぜあえてそうするのか。

それはおそらく、すでに述べたとおり権力にまつわる言説が常に両義的であったこと、そして論敵のモナルコマキが、まさに lex regia をはじめとする王権拡張の論拠を覆してそこから抵抗権を導き出したことによる。しかもそのうちの一人は、彼に先んじて主権を論じてさえいたのである。ボダンは彼らと同じテーブルについて論争し揚げ足を取られるリスクを負うのではなく、自ら新たなテーブルを用意し新たなゲームを始めることで論争の主導権を握ることにしたのだ。そうすれば彼は、その豊かな学識を自説を支持するための武器として自由に使えるようになる。

ボダンが主権に定義として与えた性質は、それぞれモナルコマキの論点を否定するものになっている。むしろ彼らを論駁できるものなら矛盾も辞さないのではと思えるほどだ（というか実際矛盾している）。両者が一致する唯一の点は、主権ないし王権が神に由来すると考えていること、そしてその根拠におなじみ「ローマ書」一三章を引いてくるところである（ちなみにボダンは間違えて一四章と記している)。聖書の引用に続き、ボダンは次のようにいう。

この地上で最も偉大な存在といえば、神に次いでは主権者をおいてほかになく、彼らは他の者すべてに命令を下すよう神によって神の代理人として樹《た》てられたものである。したがって、彼らの権力に完全に服することでそれを敬い尊び、かつ礼節をもって彼らについて語り考察しようというのなら、その地位と役割のことをゆめゆめ忘れてはならない。なんとなれば、自らの主権者を蔑ろにする者は、地上における神の似姿を蔑ろにしているのと同じなのだから。

しかし前述のとおり、モナルコマキはここから王権の樹立には人民の同意も必要だと説いた。この同意はいわば契約であり、王が契約に違反する振舞いに及べば破棄することが可能となる。この抵抗権をさらに先に進めたのが、ボダンに先んじて主権を論じたテオドール・ド・ベーズである。

ベーズはまず、王の二つの身体と同じように主権と主権者とを区別する。そのうえで、主権は主権者と彼によって任命された「下位の為政者」(貴族や議会)とのあいだで分有されていると主張した。あえて王権ではなく主権を持ち出すのは、国家の最高権力に臣民も与ることができるからである。ゆえに、主権者が道を外れれば、下位の為政者は主権の名のもとに彼に抵抗することが可能となるのだ。そしてこの主権者個人を排除しても、主権は一切損なわれないのである。

『国家論』で国を救おうと考えるならば、ボダンは何よりもまずこの主権と抵抗権の結びつきを断ち切らねばならない。

王国を安定させ、主権の永続性を語るために主権と主権者を区別するのはボダンにおいても同じである。しかし、彼によれば主権は決して切り分けることも共有することもできない。権力が人から人に委ねられるとしたら、完全に、一切の限定も留保も条件もなく移譲されるのでなければ、主権の名に値しないのである。

したがって、一度移譲された主権は二度と取り戻されることはない。モナルコマキのいうように王から奪還することも、議会が王と権力を分有することも、定義上ありえない。人民の同意を認める王法理論が主権の源泉となりうるのは、その決定が不可逆的であるかぎりにおいてのみである、とボダンは説く。そして、この定義こそ主権に与えられた初めての定義であると宣言することで、ベーズの主権論を無かったことにしてしまうのである。

だがボダンの攻撃の手は止まらない。彼はモナルコマキが依拠しているもう一つの法的言説、すなわち団体理論をも完全に否定しようとする。ボダン曰く、主権と主権者が存在しなければ人民も存在しえない。主権ひいては国家は不可分なものであり、主権者の意志から独立しては人民の意志も法的人格も成立しないのだ。ましてや、モナルコマキが説くように人民が君主よりも優位に立つなど、「人民の身分制議会が君主より大きいとの主張」は完全な誤りである。ここまでくると、彼の主権概念には人民の同意も権力の移譲も契約も一切入る余地がなくなる。ボダンが団体理論をしりぞけたことで、抵抗の主体たる人民は王国における自立した存在そのものを否定され、モナルコマキの抵抗権理論は跡形もなく雲散霧消する。

主権が成立しなければ人民が存在しないというなら、不可逆的であるかぎりにおいて王法理論を認めたのは一体何だったのか——と問いたくもなるのだが、こうした矛盾は『国家論』には珍しくない。最初に主権の永続性を訴えておきながら、あまり厳密に永続性を突き詰めると貴族階級や人民くらいしか永続性のある権力の担い手がいなくなるので(したがっておそらくはモナルコマキの主張に有利に働いてしまうので)、この永続性は一人の人間の「終身」という意味にしておこう、ということがほんの数ページ先に平気で起こる書物である。しかもさらに数ページ先では、やはり(王国の基本法に規定された)世襲制のおかげで「王は死なない」とも述べているのだ。「主権は権力においても機能においても時間においても制限されない」のである。はっきりいって、論理としては破綻している。しかしながら、そう書くことの意図に注目すれば別の評価の仕方がありうる。

『国家論』において一貫しているのは、理論ではない。ひたすら国家の安定を図り、モナルコマキを論駁して抵抗権を否定するという目的なのである。したがって、ボダンが唱える主権概念に哲学的・理論的根拠はほとんどない。ただ歴史的な著述が積み重ねられ、今まさに救わねばならないフランスの王国の現実を暗黙の前提にして、国家というものが語られる。

さきほど、ボダンの主権の定義を「国家の絶対的にして永続的な権力」と紹介した。では彼による国家の定義は何かといえば、「複数の家族および彼らに共通する事柄に対する、主権をともなった正しき統治」なのだ。もはやトートロジーだが、目の前にその国家と王権があり、これがその定義であると宣言するなら、論理の穴は現実が埋めてくれる。

だが読む者のなかで論理と現実が結びつき、彼らの行動に影響を与えるには――すなわち実際にボダンが目指したとおり内乱を鎮め国を安定させるには、その理論が読者のオピニオンを獲得しなければならない。もちろんボダンもただ現実の説得力に頼るのではなく、自らの主権概念や国家観に普遍性を持たせようと努めている。『国家論』は哲学的な論証こそ欠けていても、法学者らしく法体系としては堅固な国家像を構築しているといえよう。ボダンが客観性にこだわりscienceという言葉を繰り返し用いているのも、そうした彼の意図の表れである。しかし、それでも彼の提唱する統治構造が主権者を除くすべての臣民に服従を求める、徹底したトップダウンである事実に変わりはない。この苛酷な絶対主義の論理が、いかにして荒廃したフランスでオピニオンを獲得できたのだろうか。

絶対主義を成立させたオピニオン

おそらくモナルコマキを論駁しただけでは、プロテスタントが武器を手放すことはなかっただろう。いくら宗教戦争が万人にとって危険な状態――しばしば「アナーキー」と表現された殺し合いの状態――をもたらし、誰もがそこからの脱却を願って絶大かつ統一的な権力の支配を希求していたとしても、それが結局カトリックによるプロテスタントの一方的な迫害に繫がるならば、サン・バルテルミの夜は再びやってくる。絶望したプロテスタントは戦い続けるしかない。

だがボダンは、絶対的な主権とともに宗教的寛容も訴えたのである。『国家論』四巻七章では、歴史上のさまざまな実例を挙げながら、国内の信仰を統一できないのであれば多様性を認めるべきだと説いている。宗教論争を繰り広げれば、疑われるべきでないものまで審議の俎上にのせられ、信仰は力を失う。

宗教こそは政体や国家にとって最も強力な支柱であり、国王および君主の権力や法の執行、臣民からの服従、為政者によせられる崇敬の念、悪をなすことへの恐れ、人びとが互いに抱く友情の中心的基盤となっていることは、無神論者でさえも認めている。ならば、これほどに尊いものが論争のせいで軽蔑や疑いの眼差しを向けられることのないように留意すべきなのだ——国家の崩壊は、そこから始まるのだから。

宗教が国家の支柱であるのは、王権が神に由来するからだけではない。それは善悪の基準や社会の紐帯《ちゅうたい》の源でもあるのだ。ここで彼の国家の定義を思い出そう——「国家とは複数の家族および彼らに共通する事柄に対する、主権をともなった正しき統治である」。この「正しい」の意味は重い。絶対主義の統治とは、強大な主権が恣意的に臣民を抑えつけるものではない。主権者の振舞いは正しくあるべきであり、地上の存在に縛られないとしても神と自然法には従うのである。その意味で、主権者は自らの信仰に忠実でなくてはならない。

だがもし彼がその正しさを確信するあまり臣民の良心を暴力で強制すれば、かえって頑なな反発や無神論を招くとボダンはいう。古今東西の多様な宗教に寛容であった賢明な君主の例を彼が並べる時、たとえサン・バルテルミやフランスの状況に一言も触れていなくとも（もしはっきりと虐殺を非難していたら今度はカトリック側からの支持を失っただろう）、その意図は当時の読者にもはっきりと伝わったに違いない。初版の一〇年後、自らの手で翻訳し刊行したラテン語版では、より明確に「何人たりとも自らの信仰を私的に実践することを禁じられるべきではない」といい切った。

主権の絶対的支配が及ぶのを外面的行為のみとし、人びとの内面的信仰にまでは干渉しない——これもまた現実や歴史の観測をもとにした政策ないし方針であり、理論ではない。だが彼の示したこの指針はオピニオンを得て政治的潮流を形成していき、フランス国内に宗教的寛容を布くナントの勅令として結実する。一五九八年のことであり、『国家論』の出版からは二十余年が経っていた。

もちろん、ボダンの望みがどうあれ『国家論』がそのすべての引き金となったわけではない。当時のヨーロッパの状況とフランス国内に生起した多くの偶然的要素——たとえばカトリック側の有力者が二人の国王を含めて次々に命を落とし、ついにはサン・バルテルミの虐殺当時にプロテスタントの首領だった人物の手に王冠が渡ったことなど——を考慮しなければならないだろう。そうでなければ一〇〇年たらずの後、太陽王ルイ一四世が再びプロテスタントの迫害に乗り出した事態に「時代遅れ」や「退歩」以外の説明がつかなくなる。

ある理論が現実に影響を及ぼすかはオピニオンにかかっており、その理論がオピニオンを獲得するか否かは複雑な条件の絡み合いによって決まる。論理が正しければ、明晰であれば、必ずオピニオンの支持が得られるわけではないのだ。逆も然《しか》りである。だがそれについては後にボシュエとともに語ることとしよう。

その前に、ボダンと同様に絶対主義の国家と強力な主権について説き、かつボダンが触れなかったその合理的基礎の構築を試みた人物について取り上げなくてはならない。ボダンが現実の国家で論理の空隙を埋めたのに対し、彼は自らの言葉の力のみで国家という一種の怪物をこの世に生み出そうとしたのである。

その怪物の名は「リヴァイアサン」、哲学者の名をトマス・ホッブスという。

3　リヴァイアサン――言語と思考の海から生まれた怪物

トマス・ホッブス――「可死の神」のつくり方

ボダンが知的格闘の場とした一六世紀の宗教戦争と同じく、ホッブスの思索もまた、母国の深刻な政治的対立を背景としている。ホッブスは一七世紀イングランドで活躍した人物だが、一六五一年に刊行された彼の代表作『リヴァイアサン』はパリで執筆された。国王チャールズ一世と議会との対立が深まるなかで、身の危険を感じた彼が一六四〇年からフランスに亡命していたためである。その二年後に内乱が勃発、人民の代表を名乗る団体が神によって樹てられたはずの王に歯向かいその首を斬り落とすさまを、ホッブスはドーバー海峡の向こうから眺めることとなった。

ホッブスが王権と議会のどちらにより強く共感を寄せていたかは定かではない。父王の斬首の後パリに亡命してきた王太子チャールズは、ホッブスを家庭教師として数学の手ほどきを受けた。師弟関係はチャールズがオランダに移ったために一年ほどで終わったが、両者の繋がりはその後も長く続いたようだ。ホッブスは亡命中の王太子に特装版の『リヴァイアサン』を献本しており、王政復古後のチャールズも何かとホッブスに目をかけて庇護のもとにおいた。ならば王政こそ彼の理想だったのか——と思いきや、一六五一年当時『リヴァイアサン』のせいで多方面から反感を買ったホッブスに身の安全を保障したのは、オリバー・クロムウェルの共和国政府であり、ホッブスは彼の許可を得て一一年の亡命生活を切り上げロンドンに帰国したのである。わりと歯に衣着せぬ言動であちこちに敵をつくるうえ、恐怖に駆られて極端な行動に出がちでもあったため、ホッブスが真実どの勢力に肩入れしていたのかを知るのは意外に難しい。

カトリック王権によるプロテスタントの苛酷な迫害、それに続く泥沼の宗教戦争を目の当たりにしていたボダンと、強権的な王に対抗した不屈の議会がとうとう「死なない王」を殺し、王を戴かないまま国を治めるまでの激動を逃れてきたホッブス。彼らが従来とは一線を画す強力な国家像を思い描き、絶対的な主権によるトップダウンの統治を求めたことと、それぞれの歴史的文脈は切り離せないだろう。だが同じ絶対主義を唱えていても、ボダンとホッブスのアプローチは大きく異なる。喩えるなら、ボダンの理論がマネキンに豪奢な服を着せるように王権を補強していったのに対し、ホッブスは土を捏《こ》ねて人体を形づくるところから始めて、主権にそれまで誰も見たことのなかったイメージを与えたのである。

ホッブスは国家と主権の存在と意義について、いちいち理屈によって正当化しようと試みた。そんなことをしようとした者は、彼の前にはいない。近代主権国家の基礎理論はホッブスにおいて完成した、といわれるのはこのためである。

同じような国家論を構想したボダンは、その起源を問い直すことをしなかった。彼にとっては主権も主権者も、端的に存在するものだったのである。時折持ち出される聖書の引用や歴史記述は、反論可能な合理的論拠ではない。歴史は今に至るまでの経緯の説明にすぎず、神を持ってこられて正面から不平をいえる(まともな)人間は一六世紀には存在しない。ボダンの国家においては、家父長の支配する家族が社会の最小単位となっており、権力や身分制、支配服従関係は戦争に起源があるものとされる。そもそも主権者そのものが、歴史のなかで勝者となったどこかの家父長に由来すると示唆する記述さえある。勝てば官軍というか強い者が偉いという身も蓋もない世界観だが、読者にとっては、自分の生きている社会をもとにして話が進むのだから読みやすかったかもしれない。

それに対してホッブスは、いまだかつて誰も見たことも聞いたこともない世界を議論の出発点に持ってきた。読者は想像しなくてはならない——そこには、家族も主権も主権者も国家も権力も身分制も法も義務も、さらにいえば正も不正も存在しない。なぜなら、これらはすべて後に人間がつくり出したものだからだ。一切の人工物、作為の産物を排除したこの世界を彼は「自然状態」と名づけた。そこに生きる人間は、何物にも拘束されない自由でばらばらの個人、「自然人」である。

ホッブスはこのどこにも存在しない自然状態に暮らす自然人を前提にして、自らの言葉の力だけで国家という怪物をつくり上げていく。ばらばらに生きる彼らがなぜ集まるのか、なぜ国家を必要とするのか、いかにしてそれを生み出すのか。その必然性を一つ一つ論理的に組み上げることで、国家の揺るぎない正当性を主張し、有無をいわさぬ服従義務へと読む者を導く。

ホッブスは神にも歴史にも頼らない。歴史は偶然に左右され、神は人知を超えているからだ。視座や条件が変われば容易に結論を覆されてしまう。そのなかで蓄積されてきた法体系も、塵《ちり》となって崩れ去るかもしれない。安定した政治秩序を打ち立てようとするならば、疑問や反論の余地のない、普遍的かつ明晰な論理でなされねばならないのだ。ガリレオやデカルトと交流し、ユークリッド幾何学に通じていたホッブスは、政治にも科学的論証を取り入れようと腐心していたという。おそらくは、それこそが国家に真の安定をもたらす道だと考えていたのだろう。

では、彼の「科学」はいかにして国家を世に生み落としたのだろうか。

リヴァイアサンの誕生

以下に記すのは、ホッブスによる思考実験である。現実世界には、自然状態も自然人も存在しない。だが観測されなければ真理ではないということにはならない。たとえば、摩擦がなければ動いている物体は動き続けるという慣性の法則は、観察こそできないが真理である。国家というものがなぜ必要とされこの世に存在するのか、それを揺るぎない原理として確立しようとするなら、環境や条件によって変わりうるもの一切を捨象して科学的に思考しなくてはならない――少なくともホッブスはそう考えたのであり、同様の哲学的試みはすでにデカルトが『方法序説』で行っている。「我思う、ゆえに我あり」まで遡ってしまうとそこから国家が出来上がるまでのハードルが高すぎるが、人工物をすべて取り除いた世界を設定した動機は同じである。

このようにホッブスの唱える「科学」はホッブスの考えた一七世紀的な科学であり、現代のそれと比べれば違和感があるかもしれない。だが、それまで誰も疑問視してこなかった国家の存在理由を理性によって検討し、その根源から明らかにしようという彼の課題が、当時の第一級の知性による画期的な学問上の挑戦であったことは間違いない。ではホッブスの思考の足取りをたどってみよう。

　人の手の加わっていない自然状態に、自由かつ平等ではあるがばらばらに存在する自然人たち——彼らには共通する目的が一つある、とホッブスはいう。自らの安全を求め、死を（特に横死を）可能なかぎり避けようとする「自己保存」である。だが自然状態でこの目的を達成することは至難の業といえる。人びとは自らの判断と行動によって自分の身の安全を図らなければならないが、国家も法も家族もいない以上、誰にも守ってもらえないと同時に、サバイバルのためにあらゆる手段を取ることができる。自己保存のためならどんなことでも許されるこの権利をホッブスは「自然権」と呼び、他者を殺す権利もそのなかに含まれるとした。そのため、自然人は今を生き抜き明日の安全を確保しようとしてお互いをひたすら警戒しあい、やるかやられるかの関係からやられるまえにやらねばというメンタリティに陥っていく。こうして死を恐れるがゆえにすべての人間が我も我もと他者を攻撃し始め、自然状態は最終的に殺し合いに転ずる——有名な「万人の万人に対する闘争」が帰結するのだ。

　誰もが死にたくないと願い長生きを望むにもかかわらず、誰も永らえることがない。自然状態で送る人生は「孤独で、貧しく、悍《おぞ》ましく、殺伐としていて短い」(solitary, poor, nasty, brutish, and short)。このパラドックスに気づいた自然人たちは、自己保存と安全を実現するためにどうすればよいかを必死に考え始める。この時彼らが用いる能力が理性であるが、これは目的を達成するためにさまざまな計算を行う推理能力のようなものである。そうして彼らは理性の働きの結果、自己保存の可能性を高めてくれるいくつかの一般法則を導き出す。従来の語義とは異なるが、ホッブスはこの一般法則を「自然法」と呼んでいる。そしてこの自然法の最初の三つこそが、彼の理論における国家創設の契機となる。

生き残りを目指す自然人は、理性を働かせて次のようなルールが必要である点に気づく。まず平和を志向すべきこと、次に周りの人間と約束してお互いに同じだけの権利を放棄する——いわば「せーの」で武器を捨てる——こと、そしてその約束を守ること、である。ホッブスはほかに一六個ほど自然法をあげているが、国家の立ち上げに関わるのはこの三つの法則である（余談だが、なぜ人工物も社会的関係も持たないはずの自然人が言語だの約束だのを知っているのかという、至極当然な問いに対するホッブスの回答は「神が与えた」なので、論理の甘さに失望するよりは、いかにもな一七世紀感を味わっていただければ幸いである）。これらのルール、いいかえるなら生き残るための秘訣を認識した自然人は、自由で平等でばらばらな個人であることをやめる。人びとは集まり、約束を交わし、互いに約束を守らせる強制力に従うことにするのだ。この瞬間、権力とともに誕生するのが国家である。

したがってホッブスの理論における「国家」とは、人間が言葉を通じ同意によって生み出す作為の産物にほかならない。神が樹てたのでも、強者を中心にいつの間にか出来上がっていたのでもなく、自由で平等な人間が自己保存のため相互に契約を交わしてつくる権力装置、それがホッブスの国家なのだ。彼はこれに人の姿を与え、「人工的人間」と呼んだ。だが、それはまた個々の人間をはるかに凌駕する巨大な力を伴っており、旧約聖書に登場する海の怪物「リヴァイアサン」とも「可死の神」――神のごとき真の不死性は持ちえないにせよ、偉大さにおいては神にすら匹敵する存在――とも称される。

これ〔契約〕が済むと、一個の人格へと統合された群衆はコモン＝ウェルス、ラテン語でキウィタスと呼ばれるようになる。これこそは偉大なるリヴァイアサン、あるいはむしろ（いっそうの敬意をこめて語るならば）可死の神の生成であり、不死の神のもとでわれわれの平和と防衛を一手に担うはこの可死の神なのである。

だが一体どうしたら、たかが人間にそのような力を生み出すことが可能となるのだろう？人間が寄り集まり、神のごとき偉大な存在をつくり上げる。石ころから金を生む錬金術のような話だが、ホッブスはそのプロセスを詳細に説明している。そのなかで鍵となるのが「権威づけ」である。ホッブスによれば、自然状態にいる自然人たちは、自然状態を脱却し国家をつくる過程で、お互いに対して次のように約束するという。

「私はこの人物ないしこの議会に対し、自分自身を統治するという私の権利を譲渡し権威を授けましょう。ただし、あなた方も同じようにあなた方の権利を彼に譲り、彼のあらゆる行為を権威づけるという条件においてです」。

こうして、人びとの自己支配権を与えられ、権利と権威を一身に担うフィクション（擬制）の「人為的人格」（artificial person）――それは一人の人物でも団体でもよい――が誕生する。これがホッブスの国家論における主権者である。この契約以降、彼に「権威づけ」した人びとはみな彼の臣民となり、彼に一方的に服従する義務を負う。そして主権者には、臣民すべての平和と防衛に必要なありとあらゆる手段を取る権利が付与されるのだ。

したがって、自然状態では個人がそれぞれ自分の安全を確保しなければならなかったが、国家設立後は主権者が彼らになりかわって全員の面倒を見てくれることになる。これはある種の代表理論であり、実際ホッブスも主権者のことを「代表者」（representer）と呼んだ。いわば主権者は臣民の自己保存の意志を代行しているのであって、主権者の意志と彼を生んだ契約の当事者たる臣民の意志は、理論上完全に一致するのである。ホッブスは次のように述べている。

人為的人格のなかには、その人格によって代表されている側を自らの言動の主とするものがある。こうした人格は演者(Actor)にあたり、言動の主のほうが作者(Author)となる。この場合、演者は作者の権威(Authority)のもとで行為しているのである。

ホッブスはここで演劇にひっかけた表現を用いている。人格(Person)の語源は古代ギリシア演劇で使われた仮面ペルソナであり、主権者と臣民の関係はアクターとオーサー、すなわち舞台に出て演じる俳優と脚本家のそれになぞらえられている。脚本家が書き俳優が演じる、その役が主権者という人格なのである。そして一度舞台に送り出してしまったら、どんなに演技が気に食わなくても役者を替えるわけにはいかない。

ホッブスの理論においては、一旦権威づけ(Authorize)によって代表者をつくり出してしまうと、権威を取り戻すことはもはや不可能となる。なぜなら、主権者の行為すべてを自分自身のものとみなすよう国家創設の際に約束してしまったからであり、しかもその約束は臣民となる人びと同士のものであって、主権者と結んだものではないからである。主権者の命令は法となり、その行為を咎める権利は舞台がはねないかぎり——つまり国家が倒れないかぎり、人びとの手に戻ることはない。

このように主権者の意志と臣民の意志が完全に一致するがゆえに、ホッブスの国家論の前では主権制限や抵抗権にまつわる議論が無効化されてしまう。いまや主権の制限は自らの権利の制限、主権者への抵抗はすなわち自分自身への抵抗を意味し、まったくのナンセンスに堕した。かくして、主権者は無制限にして絶対的な権限を持つ「偉大なリヴァイアサン」「可死の神」となったのである。

主権論 vs. 団体理論ふたたび

ホッブスが強力な主権者像をつくり上げるに際して、抵抗権のなかでも絶対に論駁しておかねばならない理論があった。当時の歴史的文脈を思い出していただきたい。イングランドを内戦の混乱に巻き込んだ要因の一つは、人民を団体とみなし、人民＝団体の代表者を標榜する形で主権者＝国王に対抗しようとする団体理論であった。そのなかでも特にヘンリー・パーカーやウィリアム・プリンら、議会派の団体理論にもとづいた人民主権論を敵視したホッブスは、彼らを痛烈に批判している。

この偉大なる権威が分割不可能であり主権とも分かちがたく結びついている以上、次のような意見にはほとんど根拠がない。ある人びとは、主権者たる王はばらばらの個人よりも強大だが(Singulis Majores)、彼ら全員を合わせた団体には劣る(Universis Minores)、という。これが根拠に乏しいのは、彼らが「全員を合わせた」という箇所で一個の人格としての団体を指しているのでなければ、「全員を合わせた」は「ばらばらの」と同じ意味になってしまい、主張が不合理になるからである。かといって、「全員を合わせた」を(主権者が担う)一個の人格として理解すれば、臣民全員の権力は主権者の権力と同じものとなり、やはり理屈に合わない。彼らとて、主権が人民の議会に存する時はこの馬鹿馬鹿しさをよく理解するのに、君主となると途端にわからなくなってしまうのである。だが主権の力は誰に与えられようと変わるものではない。

ここで登場するラテン語はパーカーやプリンが用いたものであると同時に、実はモナルコマキの中心的な主張(rex major singulis minor universis)でもあった。一六世紀フランスに生まれた団体理論と絶対主義の相克がそっくりそのまま海と時を超え、一七世紀イングランドで繰り返されたのである。

そしてボダンがモナルコマキの主張をしりぞけたのと同じように、ホッブスもまたパーカーやプリンを完膚なきまでに否定しにかかる。原文では「ばかげている」(absurd)と三回も畳みかけて思いきり相手を虚仮《こけ》にしているあたり、敵が多かったのもむべなるかなという感じではあるのだが、同時に重要な点も指摘されている。つまるところ、人民は主権者の意志と区別された独自の統一的意志や法的人格を持ちえないのだ。ホッブスのロジックによれば、人民は個人からなる群衆にすぎず、彼らが統一体となるのは主権と国家を創設する時であり、彼らの声はそれ以降、主権者の口を通してしか発せられなくなる。

彼の国家論は、ボダン以上に団体理論の介入を許さない。意志の統一性は代表者＝主権者を介してのトップダウンという形でのみ成立するという彼の主張は、団体理論の余地を完全に消し去ってしまうのである。

群衆が一個の人格となるのは、彼らが単独の人物ないし人格によって代表されている時であり、それは群衆の一人一人が個別に同意することで成立する。というのも、人格を一つにするのは代表者の統一性であって代表される側の統一性ではないからだ。人格を担うのは代表者であり、彼が担う人格はただ一つのみである。群衆における統一性はこのほかに解釈のしようがない。

これがローマ法再発見以来の団体理論を真っ向から否定するものであることは、ご理解いただけるだろう。団体理論では最初から人民が一個の法的人格を持って存在し、誰かに主権を譲ったり取り返したりしていたわけだが、ホッブスにおいては人間がどこにどれだけ集まろうとも、契約によって代表者をつくり出すまではばらばらの個人の寄せ集めでしかない。そしてひとたび代表者をつくり出してしまえば、団体としての人格はすべてそちらに持っていかれてしまい、二度と団体として語ることができなくなる。したがって、団体の名において主権者たる君主に対抗し主権を取り戻そうとするのは、端的にいって「ばかげている」うえに不正義でさえあるのだ。

だが一方、一人ではわずかな力しか持たないとはいえ、ホッブスの語る個人はそれぞれが平等であり自由であり、自ら同意を与えた時しか他者への服従義務を負わない、れっきとした権利主体である。団体を否定し、個人に着目した点がホッブスの画期性であった。

もちろんホッブスの理論すべてが過去の遺産と決別しているわけではない。主権者への権利移譲が取り消し不可であることは王法理論をめぐる議論を、詳しく述べる紙幅がなかったが、具体的な主権者に対し抽象的な主権の座を「公共的人格」(public person)と呼んで区別しているくだりは中世における王と王冠の区別や「王の二つの身体」の言説を思い起こさせる。実際、ローマ法はホッブスの発想の源であったとする研究者もいる。

だが科学的な思考で国家をその第一原理にまで遡ろうと努め、それゆえに議論の起点にただ一人で思考し決断する個人をおいたこと、そこから国家を人間の作為の産物であると喝破したことは、他の誰にもなしえなかったホッブスの功績である。祖国の深刻な分断に悩むなかで近代主権国家について最初に語り始めたのはボダンであったかもしれないが、それを哲学的に考察し、その後の国家論すべてに通用する理論的枠組みを構築したのはホッブスだったのだ。

可死の神を死なせないために――リヴァイアサンの身体とオピニオン

こうして生成されるリヴァイアサンの力は絶対的かつ強大である。だがそれを神に喩えた時、ホッブスは「可死」(Mortal)の一言を付け加えた。それは真の神である「不死の神」(Immortal God)に比べれば当然の区別ともいえるが、どれほど強力な「死なない」ものとして構想しようとも、やはり国家は実際に死ぬのである。ホッブスの考えるその原因は外敵による征服と内乱だった。

そして主権は、たとえつくった者の意図としては不死を目指していたとしても、その本性ゆえに、外敵との戦争によって暴力的な死に見舞われることもありうるばかりか、設立されたその瞬間から、人びとの無知と情念という形で内部の不調和による自然死の種を数多く抱え込んでいるのだ。

であればこそ、対外的には戦争に負けない強い国力、そして対内的には分裂の回避と臣民の

トマス・ホッブス『リヴァイアサン』

人体	国家
人工の魂（全身体に生命と運動を与える）	主権
関節	為政者・司法や行政の役人
神経	賞罰
力	構成員の富と財産
義務	人民福祉（salus populi）
理性と意志	公正と法律
健康	和合
病気	騒乱
死	内乱

主権者に対する絶対的服従が不可欠となる。ホッブスの理論がいかに主権を絶対化し、抵抗権の存在する余地を刈り取ったかは既述のとおりである。そして彼によれば、臣民はただ一律に服従するのではなく、与えられたそれぞれの役割を果たすことで巨大な怪物リヴァイアサンを生かし続けなければならない。国家を「人工的人間」と呼んだ彼は、伝統的なボディ・ポリティック論を彷彿《ほうふつ》とさせる仕方で表のようにその身体について語っている。

頭だの腕だのというわかりやすい部位ではなく、関節や神経という目に見えないところを比喩に使うのは、あるいは当時の解剖学の飛躍的な発展を反映しているのかもしれないが、彼のリヴァイアサンの外見が示されるのは本文中ではない。それは堂々と、著書『リヴァイアサン』の扉絵として描かれ、おそらく政治学史上最も知られた図像となったのだ。

王冠を戴き丘の向こうから町を見下ろす巨人、それがリヴァイアサンこと国家である（図3）。彼に頭が一つしかない点に注目していただきたい。人間の姿なんだから当たり前と思われるかもしれないが、実はそれがそうでもない。というのも、イングランド内乱期に盛んに印刷された党派的パンフレットにおいて、対抗勢力を多頭なり無頭なりの奇形として描く政治的「怪物」の系譜が存在したからだ。

ある王党派による芝居では、擬人化された議会が頭部のない「怪物のような」(monstrous)赤子――イングランド政治の暗い未来――を産み落とす。議会派のビラでは、カトリックと同一視された王党派が「王国の怪物」(The kingdomes monster)と名づけられ、無数の首と四本の腕を持ち王国を危機に陥れるヒドラとして描かれた(図4)。変わり種としては、チャールズ一世処刑を悼《いた》んでザクセンで鋳造された記念コインの例がある。その裏面には、頭の七つある怪物が打ち捨てられたチャールズの首と王冠と王笏《おうしゃく》にのしかかる様子がデザインされていた。

図3　ホッブス『リヴァイアサン』扉絵(1651年)
出典：Wikimedia Commons

ボディ・ポリティックにおいて健康が国内の和合を象徴する一方、内乱期のパンフレットは王国を蝕《むしば》む悪を奇形(主として首の数で表される)や怪物の肉体になぞらえた。そうしたなかで、ホッブスは「最も強き者

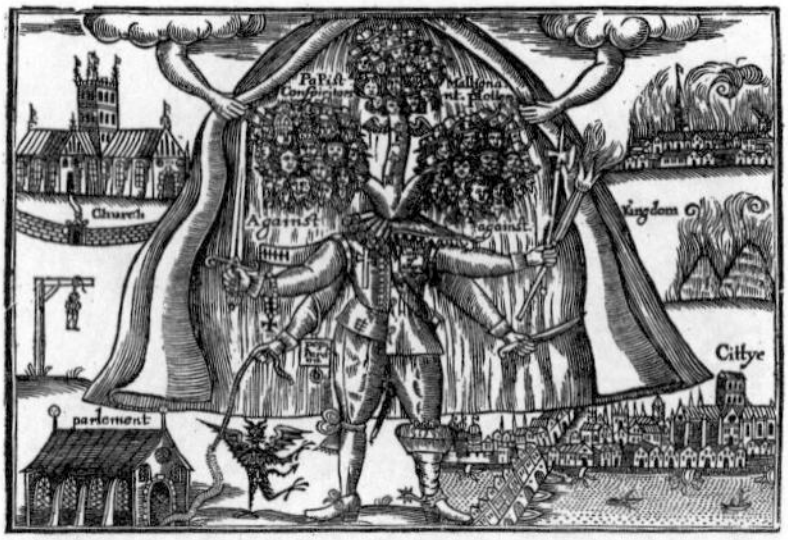

図 4 「天より衣を剝ぎ取られし王国の怪物」(1643 年)
出典：Early English Books Online (https://ageofrevolutions.com/2020/03/09/puritan-self-examination-faith-and-conflict-a-post-and-a-poem/)

さえ恐るる」と聖書に記されたリヴァイアサンの名と、並外れて巨大ではあるが健常な偉丈夫の姿を国家に与えたのである。恐ろしい怪物の膂力《りょりょく》と健康な壮年の体軀をかねそなえた存在、それがホッブスの描き出す国家のイメージである。

頭が一つであることには、さらに別の政治的意図も含まれている。それは身体に命令を下す部位としての頭脳が一つであること、すなわち主権が不可分であり統治はトップダウンで行われるという権力機構の表現でもあるからだ。そしてこの脳の指令を受けて動く右手が剣を、左手が司教杖を持っている点は、主権者が政治権力と宗教的権威の両方を掌握することを示している。これにより、たとえ国内に宗教を理由とする対立が生じても、最終決定権を有する主権者の地位は揺るぎないものとされるのである。この主張がどれほどホッブスにとって重要なものであったかは、歴史的文脈から明らかといえよう。

だが本書のテーマとより密接に関係するのは、リヴァイアサンの手ではなく腕と胴体である。

鎖帷子のような模様をよく見ると、小さく無数の人間が描き込まれているのがわかる。しかもみな主権者たる頭部のほうを向いているために後ろ姿しか見えない。これは、国家が個人の結合からなる人工的人間であると同時に、すべての臣民が主権者の命令に従わなければならないというホッブスの理論を端的に表現している。

ちなみに、ホッブスがチャールズ二世に献上した『リヴァイアサン』の扉絵は図3のものとは異なる(図5)。基本的な構図は踏襲されているのだが、鎖帷子がなにやらカエルの卵のようなものに変わっている。身体を構成する個人が顔のみで描かれ、しかもこちら側を向いているのだ。この異同の理由については「この本だけは主権者たるチャールズ二世を読者とするので、本を開いた彼のほうを向くように描かれた」説や、「主権者と臣民の意志は一致するのだから視線の向きも一致させた」説など、さまざまな考察があり、はっきりしていない。

図5　チャールズ2世に献本された『リヴァイアサン』扉絵(1651年)
出典：大英図書館 Twitter(https://twitter. com / BL _ ModernMSS / status / 939161257726365697/photo/3)

だがいずれにしても、リヴァイアサンの体が数多くの個人の集合によって成り立っている点に変化はない。ホッブスの理論では、国家設立時に同意したのちはすべての意志決定が主権者によってなされるので、オピニオン論は一見不要にも思える。自分自身に抵抗することが不可能ならば、自分自身を支持することも不可能ではないのか。だがホッブスは、臣民の服従をいかにして調達すべきかについても詳しく語っている。

一言でいえば、その方法は「恐怖」である。リヴァイアサンを生む時、自然人たちは互いに約束を交わした。国家はその約束を基盤としている。ならば、臣民となった彼らがその約束を守らなければ国家の基礎も危うくなってしまうだろう。約束が成立した時点でそれを守ることが正義、破ることが不正義となるわけだが、誰もが気紛れに約束に背けるならば、そこで使われた言葉も正義・不正義という言葉も効力を失う。ホッブスは過度の期待はせず、冷静に「人びとの野心、強欲、怒りやそのほかの情念を抑えつけるには、言葉の枷《かせ》では弱すぎる」と指摘する。

伝統的に、ヨーロッパにおいて人びとに約束を守らせてきたのは神である。不正義に手を染め罪人となることで、死後永遠に断罪されることへの恐れが情念に打ち勝ち、人間を正しく導く。無神論者が蛇蝎《だかつ》のごとく嫌われたのは、神を信じない人間には悪行へのブレーキが存在せず、言動を何一つ信頼できないと思われていたためである。

だが、国家から極力神学的基礎づけを排し哲学的に構築しようとするホッブスは、ここでも神に頼らない。「約束を破った報いへの恐れ」を臣民に与えるのは主権であり国家そのものなのだ。見る者みなを恐れさせ、自らは決して恐怖を覚えない強大な怪物リヴァイアサン――その名と国家とをホッブスが結びつけた最大の理由が、この「恐怖」によるオピニオン調達であった。

神だの怪物だの恐怖だのといわれると、少々突飛に感じるかもしれない。だが法律に違反すれば定められた刑罰を受ける、とわかっているのでなければ、今の世でどれほどの人が法を守ろうとするだろう。服従の動機として綺麗事を並べるよりも恐怖の働きを重要視したホッブスの論理は、身も蓋もないぶん人間の真実である。ちなみにホッブスの主張はここで立ち止まらず、恐怖によって服従していてもそれを自ら選択しているかぎり自由であるという、身も蓋もないレベルを超えて完全にいじめっこの理屈にまで踏み込んでいく。とはいえ自由であるか否かにかかわらず、人間の行動を決定しているのは結局彼の感じる恐怖なのだ。

『リヴァイアサン』の受容とオピニオン

だが、ホッブスの理論には大きな否定しがたい欠点がある。易しくないし、優しくないのである。

まず、議論の抽象度がそれまでの政治思想より数段上がっているうえ、かなり大部の著書なので最後までその展開を追っていくのに非常に骨が折れる。現代人にとってはもちろんのこと、おそらく彼の同時代人にしてみても、隅々まで理解するのはかなりの知力と忍耐力を必要としたはずだ。

そのうえ、読み通してみれば唱えているのは絶対的権力を備えた主権者がトップダウンで命令を下し、臣民を恐怖でそれに従わせるという過酷な国家論である。リヴァイアサンが恐怖でオピニオンを調達するとしても、はたして『リヴァイアサン』は読者のオピニオンを獲得できるのだろうか？　それともホッブスは、自らもその一員である最上級の知的エリート層のみが自論を理解し、国民を強権的に支配すればよいと割り切っていたのだろうか？

おそらく、その答えはどちらも否である。確かにホッブスの理論は結果的にイングランドのオピニオンを広く得られはしなかったが、それは彼が一握りのエリートのためだけに本を著したからではない。そもそも、自伝において「母は双子を産み落としたのだ――私、そして恐怖である」と綴り、実際命を狙われているという恐怖から内乱前にイングランドを去ったホッブスの自己認識は、間違いなく恐怖を与える側ではなく与えられる側にあったはずである。そしてこの感情がどれほど強く人間を突き動かすか、身をもって知っていたのだろう。

しかも『リヴァイアサン』のなかで、ホッブスはエリート層に対して苦言を呈してもいる。政治的・経済的・知的エリートたちは、強力な利害関係のなかに身をおいているせいで自分が損するような主張には耳を塞いでしまう。それに対して民衆は、そうした権力の利害から切り離されているために、かえって素直に理屈を受け入れることができる――と彼はいうのだ。

かといって、『リヴァイアサン』の内容を理解するには深い教養が必要となるのも事実である。ゆえにホッブスは、『リヴァイアサン』が大学のテクストとして幅広く読まれることを望んでいた。もちろん、当時大学に通えた人間はそれこそ一握りのエリートであったのだが、彼が読者層をより広げていくために教育を重視していた点は指摘できる。

ホッブスが理解者を増やそうと努めていた形跡はほかにもある。一つは、印象的な扉絵で彼の構想する国家のイメージを明確に読者に伝えたことである。表紙を開いてあの絵と出会い、前書きでボディ・ポリティック論に触れた読者は、おそらく「人工的人間」が何を指すか視覚的にイメージしやすかっただろう。

また、ホッブスは本文そのもののレトリックにも相当こだわっていたともいわれている。これはある意味で西洋に古典古代からある思想的伝統で、理屈だけでも名文だけでもなく「理性と修辞」(ratio et oratio――「ラティオ・エト・オラティオ」というラテン語の語呂合わせ)を両立しなければ優れた書物とはみなさない、とする態度である。読者を魅了すれば、難解な内容を理解したいという欲求を掻き立てるのはもちろん、賛同を獲得することすらいくぶん容易にしてくれるだろう。

したがって、ホッブスも彼なりにイングランド国民からのオピニオンを重視していたというのが本書の立場である。『リヴァイアサン』には次のような一節がある。「人びとの行動は彼らのオピニオンに端を発する。人びとの平安と調和のためにその行動を正しく支配するというのは、彼らのオピニオンを正しく支配することにほかならない」。

また『リヴァイアサン』ではないが、それと対になるものとしてやはり聖書の怪物の名を借り、イングランドの長期議会について論じた『ビヒモス』のなかではこうも述べている――「強者の権力の基礎となるものは、人民のオピニオンと信念をおいてほかにない」。いかに強力な国家の正当性理論を科学的に合理的に提示しようとも、それを支持する人びとのオピニオンがなければ、実際には絵にかいた餅に終わってしまうということを彼は理解していたのである。

しかし、それでも彼の『リヴァイアサン』はオピニオンを得られなかった。絶対主義国家の維持には、主権者の惹起する恐怖というホッブスの解答のみでは不十分だと考えた者もいただろう。よしんば内乱をそれで抑えられたとしても、外敵との戦いに身を投じる際に恐怖が強い動機づけになりうるだろうか。より積極的に人民からオピニオンを得る何かが必要なのではないか、と問うことも可能だろう。いずれにせよ、『リヴァイアサン』はイングランドのみならずヨーロッパ全体に大きなインパクトを与えたが、帰ってきたのは賛同の声よりも憤慨や批判のほうがはるかに多かったのである。

イギリスでは『リヴァイアサン』刊行から九年後に共和国体制は崩壊し、元教え子のチャールズによる王政復古が実現する(一六六〇年)。しかし一六八八年の名誉革命で王朝が変わると、「議会のなかの王」にもとづいた立憲主義が定着することとなった。ホッブスの提唱した絶対的主権ではなく、制限的主権が勝利を収めたのである。臣民が恐怖による絶対服従を求められたりせず、個人的自由もある程度制度的に保障されるような社会を人びとは選んだのだ。そしてその自由のなかには、信仰の自由も含まれていた。宗教対立は、主権者が決定権を握ることではなく、寛容によって解消されたのだった。

それでは、怪物リヴァイアサンはついに日の目をみなかったのであろうか。いや、そんなことはない。というのも、イギリスが立憲主義に向かうかたわらで、隣国フランスでは太陽王ルイのもと絶対主義が最盛期を迎えたからである。

その際、ホッブスの国家論は積極的に読まれたのみならずフランス式に換骨奪胎され、新たな仕方で主権の絶対性と不死性を説く王権神授説として受肉した。ホッブスが言葉でつくり上げたリヴァイアサンを、フランスにやはり言葉で生み落とした思想家——その一人が、鋭い筆致ゆえに「モーの鷹」と綽名《あだな》された司教ジャック＝ベニーニュ・ボシュエであった。

4　神学と政治学のハイブリッド——王権の高みの限界へ

ボシュエ——「死なない聖なる王」のつくり方

イギリスとフランスのあいだには、奇妙な交感が存在する。ドーバー海峡をはさんで、晴れた日には互いの陸地が見える近さなのだから当然かもしれない。しかし同じ宗教対立に揺れていても、イギリスはプロテスタントを選びフランスはカトリックであり続けた。そして王国を分断する混乱のなかでよく似た絶対主義の国家観が唱えられたにもかかわらず、国王の首を斬ったイギリスは立憲主義の道を行き、フランスは絶対王政の頂点を極め——そして開ききった花を剪定するように、やはり国王の首を斬り落とすことになる。

だがまずは、フランスの言説がいかにして国王を人間が昇りうるかぎりの高みへ押し上げたかをみることにしよう。

一六世紀の宗教戦争から生まれたボダンの主権論は、フランス国家再建の理論的枠組みとして王権に受け入れられた。とはいえ、フランスに秩序と安定を回復したのは主権論のみの力ではない。すでに述べたとおり、カトリック王権下でプロテスタントに信仰の自由を与えた寛容政策がなければ、誰も武器を下ろさなかっただろう。プロテスタントたちは、アンリ四世の発したナントの勅令によって迫害は永久に終わりを告げたと考えた。彼らはそれを神の御心《みこころ》とけなげに信じたのである。

だが勅令はどこまでいっても神の御言葉ではなく、国王の命令でしかない。それに逆らえる臣民はいなくとも、ただひとり勅令を覆せる人間が存在した。すなわちもう一人の国王、アンリ四世の孫にあたるルイ一四世である。

即位後にしばらく悩まされた国内外の対立を解消すると、ルイ一四世はかつてないほどの権力集中と国力の発展に邁進し、強力な絶対主義王権を築いていく。そして寛容令が布かれてから聞かれなくなっていた、フランスの古い標語が政治の中心に戻ってくる。「一つの信仰、一つの法、一人の王」(une fois, une loi, un roi)は彼の理想の端的な表現となり、その実現のためプロテスタント迫害は大々的に再開されたのだった。

これが宗教戦争の再現とならなかったのは、ひとえに王権が強すぎたからである。いいかえれば、国王側にマイノリティを力でねじ伏せられるという自信があったがゆえの強硬策であり、事実プロテスタントたちの改宗は竜騎兵たちの武力を背景に、半ば(というかほとんど)暴力的に迫られた。荒くれ者の兵隊たちが家に押しかけ、カトリックになると署名するまでバカ騒ぎをやめずに居座り、家財道具を破壊し続けるのだ。これだけでも正直たまったものではないが、改宗を拒めば当然そのあとは残虐な拷問のかぎりがつくされた。ドラゴナードと呼ばれたこの迫害は劇的な効果を上げ、ルイ一四世はついに一六八五年、ナントの勅令を廃止する。その新たな勅令のなかで彼はこう誇らしげに宣言している――「神の恩恵により、前述の自称改革宗教に属する臣民のうち大多数の者がカトリック信仰を奉ずるに至ったため、われわれの抱いていた危惧は終わりを迎えた」。だが実際にはそれは神の恩恵でもなんでもなく、恐怖と暴力の産物だったのである。

とはいえ、虐げられたプロテスタントがみな改宗に応じたわけではない。国外に逃れるすべのあった者は、信仰に背くよりもオランダやイギリスなどのプロテスタント国に亡命することを選んだ。オランダのロッテルダムで牧師を務め、亡命プロテスタントの指導的立場にあったピエール・ジュリューもその一人である。彼の名がここで登場するのは、ジュリューが亡命先で信仰の自由を穏やかに享受したり、フランスに残された同胞のために国外から寛容を訴えるだけでは満足せず、武力によって絶対王政そのものを転覆しようと企てた過激派だったからにほかならない。

彼はフランスのプロテスタント迫害を激しく攻撃すると同時に、オランダ総督オランイェ公(ウィリアム三世)の力添えを得て、カトリック(「法王教」と彼は呼んだ)そのものを消滅させんと怒濤の文筆活動を開始する。この時、彼に勇気と霊感を与えたのがイギリスの議会主義および名誉革命という実例であり、理論的武器を提供したのが内乱期の英仏両国に現れた王権への抵抗理論――中世から続く団体理論や王法理論による契約論の伝統であった。

歴史は繰り返す。あるいは二度あることは三度ある。本書の読者にはもう見慣れた光景かもしれない。モナルコマキにボダンが立ちはだかり、パーカーらにホッブスが対抗したように、ジュリューの抵抗理論にも強力な敵が現れてその道を塞ぐこととなった。

しかも、ジュリューも彼の論敵もともに聖職者であったことから、彼らの論戦は今まで以上に宗教的な色彩を濃くしていく。この特徴が絶対主義の王権神授説と抜群に相性がよかったことは言を俟たない。ジュリューを危険視したカトリック信仰とフランスの王権の擁護者は、ボダン以上にラディカルに主権論と宗教的言説を接合し、ホッブスのように強大な絶対的支配を訴えた。こうしてルイ一四世の治世において筋金入りの絶対王政論者として名をはせたのが、モーの司教だったボシュエである。

「あなたがたは、神なのです」――更新された王権神授説

ボシュエを本書の文脈で扱う時に注意しなければならない点が二つある。第一に、すでに述べたとおりボシュエは司教であり、また高名な説教師でもあった。いわばカトリック側の重鎮かつ花形である。ゆえに、その著作はこれまでの思想家たちのように対立の政治的解決を主眼としたものではなく、宗教的言説のオンパレードとなる。なにしろ彼にとって真に深刻な対立

は宗教の次元で起きていたのであり、しかもあらゆる権威が神に由来するという点だけは論敵ジュリューとも一致していたのだ。争うのは主に聖書の解釈とその政治的含意である。そのためか、彼らはボダンのボの字もホッブスのホの字もモナルコマキのモの字も出さないのだが、当時の読者には議論の典拠が一目瞭然であったことも理解しておく必要がある。

第二に、ボシュエは当時としては驚くほど長生きした。そしてその長い人生を旺盛な言論活動に費やしたため、著作は浩瀚《こうかん》であり論題は多種多様、論争にしても異なる時期に異なる論敵(しかもプロテスタントに限らない)と異なる主題について激しくやりあっていて、彼の思想の全体像を簡潔にまとめるのはほぼ不可能になってしまった。したがって、ここではボシュエの王権神授説のみに焦点を絞ることとしよう。

名誉革命の成功で勢いづいたジュリューが主張したのは、人民主権にもとづく抵抗権理論である。つまり主権は人民にあり、人民は契約によって君主に主権と権力を与えたのだから、君主が契約違反をすれば人民は服従の義務から解放される、というモナルコマキ丸写しの理論であった。

こうした主張も、またそれに対して権利譲渡は一度実行したら取り消し不能であるとする反論も、中世から続く王法理論(lex regia)の伝統に根ざしていることはすでに述べた。当人たちは真剣とはいえ、後世のわれわれからするとこの主張と反論のセットはもはや様式美である。

ボダンと同じく、ボシュエもやはり主権の不可分性と不可逆性にふれて抵抗権をしりぞけている。だがそもそもボシュエによれば主権は人民に由来しない。注目すべきは、その理由としてあらゆる「統治体」(gouvernement) 以前の人間について述べる際の彼の言い回しである。

というのも、人間をいかなる統治体も設立されぬうちの自然なままの姿で考察したならば、無政府状態——すなわち各人が何もかもを我がものと言い立て、同時に何もかもに抗うことが許されるような残忍で野蛮な自由、万人が身を守ろうと目を光らすがゆえに常に万人に対して戦いを挑んでいるようなそうした自由のほかは、どの人間のうちにも見当たらないからである。

ご覧のとおりホッブスのホの字もないが、これが『リヴァイアサン』で語られた自然状態、「万人の万人に対する闘争」に影響を受けていることは疑いの余地がない。そしてここからボシュエは、あらゆる統治体に先んじるこの状態においてはそれ自体一種の統治体である主権はもちろん、人民そのものが存在せず、主権者である人民が王政を樹立したとするジュリューの主張は深刻な矛盾に陥る——とたたみかけるのだ。これもまた、ボダンおよびホッブスによる団体理論の否定を踏襲している。

ボダンが宗教戦争を憂い、ホッブスが内乱に怯えたように、ボシュエはフランスにおける名誉革命の可能性を危惧した。ジュリューに霊感を与えたイギリスの実例は、王の説教師となり王太子の教育係を務めたボシュエにとってすれば現実的な脅威である。だからこそ彼は、絶対主義の先人たちにならって人民主権論も契約論も団体理論も否定しなくてはならなかったのだ。とりわけホッブスの強靭な論理はボシュエに強力な武器を与えてくれた。だがボシュエ最大の武器は、ホッブスが極力頼ろうとしなかった権威、すなわち神である。フランスの王政を守り抜くため、ホッブス的論理と宗教的言説を組み合わせて流麗な文章に練り上げたのがボシュエの個性であるとすれば、その個性が最も強く発揮されるのは彼が王権神授説を語る時だろう。

王太子のための政治学講義として執筆した著作で、ボシュエは端的に述べる。「君主は死ぬ、だが権威は不滅であり、国家は永遠に存続する」。これが中世末期の「王は死なない」とする言説を引き継いでいることは、彼がルイ一四世の前で行った説教を読めば一目瞭然である。

あなたがたは、神なのです。〔中略〕だが肉と血でできた神よ、土くれと塵でつくられた神よ、「あなたがたは人として死を迎えるでしょう」。それでもあなたがたは神であり、亡くなられようともその権威が失せることはありません。王権の霊は欠けることなくあなたがたの後継者たちへと受け継がれてゆきます。〔中略〕人は死ぬ、それは事実です。けれど王は——あえて申しましょう、決して死なぬのだと。神の似姿は不滅なのです。

しかしボシュエは、単純に何世紀ぶんもの議論を無視して中世の素朴な王権論にまで退化したわけではない。彼のいう「君主」はホッブスのそれと同じく「公共的人格」(personnage public)であり、人民の意志全体を集約する存在なのである。少し長いが、ボシュエの国家観がよく表現された部分を引用してみよう。

威厳とは、神の栄光が君主のうちに像を結んだものである。神は無限であり、神はすべてである。君主は、君主であるかぎりにおいて、特定の人物として見られることはない。それは公共的人格であって、国家全体が彼のなかに宿り、全人民の意志は彼の意志に包摂される。神においてあらゆる完全性と美徳が結びつくように、諸個人のすべての権力は君主の人格において統合されるのである。ただひとりの人間が背負う栄光のなんと偉大なことだろう！

神の権能は世界の端々にまで一瞬にして顕現する。国王の権力もまた同時に王国全土に行き渡る。後者は、神が全世界を支えるかのごとくに王国を支えている。

神が手を引けば、世界は再び虚無に沈むだろう。国王の権威が消滅すれば、あらゆるものが混沌に陥るだろう。〔中略〕最後に、国王の権威についてこれまで述べてきた、かくも偉大でかくも高貴な事々をすべて重ね合わせていただこう。そしてご覧いただきたい、たったひとりの人物において膨大な数の人民が結び合わされるさまを、この神聖にして父のごとき絶対的権力を、ただ一つの頭部に収められ秘められた理《ことわり》が国家全体を統べるのを。歴代国王のうちに神の似姿を認めたならば、国王の威厳の何たるかを理解なさったといえよう。

ボシュエの理論は、神をすべての権力と正義の源泉とする中世以来のキリスト教的世界観と、近代の粋ともいえるホッブスの世俗的主権論とのハイブリッドなのである。ゆえに、「ローマ書」一三章のパウロの言葉を引いて君主への服従義務を説くかと思えば、ホッブス的論理によって人民の意志は王の意志を通じてしか表明されないとして抵抗権を無効化しもする。国王が神によって樹てられ人民の意志を背負い、国家全体を体現する存在として高みへと昇りつめる一方で、人民のほうは神と良心によって国王に従う義務を負わされ、国王なくしては声すら上げられないとまでいわれる。ルイ一四世治下のプロテスタントの運命は苛酷だったが、これではカトリックでもあまり幸せになれそうもない。

だがボシュエにおいて、王権の絶対性と不死性と聖性を極限まで引き上げた神の権威は、同時に王権の限界を定めることにもなった。彼はボダン同様、絶対的権力と恣意的権力とを区別する。国王は神意に適った統治を行い、公共的善すなわち人民の善を目指さねばならないのである。

彼らの権力は、言い習わしのとおり、いと高きところに由来するものであり、自らをその主と思って好きに使うようなことがあってはならない。そうではなく、神より下され、またそれゆえどのように役立てたかを神がいつかお尋ねになるものとして、畏敬と謙遜を忘れずに用いるべきなのだ。

この威厳はあまりに偉大であるため、その起源にあった時と同じ仕方で君主に宿ることはできない。これは人民の幸福に資するよう君主に下された神からの借り物であり、そのためにはより上位の力によって抑制されて然るべきなのである。

人はどこまで昇っても神そのものにはなれない。神によって何人も逆らうことのできない絶対的権力を与えられた国王は、その運用を誤れば神の怒りを買い、罰せられるだろう。「ならば国王らは神の与えたもうた力を用いる際に震えをおぼえ、神より来たる力を悪に用いる冒瀆がいかに恐ろしいかをよくよく考えねばならない」とボシュエは説く。人民が神と良心に従って君主に服するのと同じく、君主もまた神を畏れ良心の声を聞くことで人民のために権力を振るうのである。国家の構成員が上から下まで、特に一番上のほうが敬虔な善人であれば、フランスには世にも幸福な王国が出現したことだろう。

だが実際は、ルイ一四世が祖父アンリ四世の寛容王令を反故《ほご》にしたように、彼の治世の栄光もまた二代経て見る影もなく色褪せることになる。ボシュエが忌避した人民の抵抗は革命となり、国家を体現していたはずの国王の首は、王冠を奪われたすえに一市民の首として——神ではなく人民の怒りを買い、人民によって罪を裁かれ——断頭台で切り落とされるのだ。

一七世紀のオピニオン

ボシュエの政治理論は、神の権威を経糸《たていと》に、ボダンとホッブスの主権論・国家論を緯糸《よこいと》にして織り上げられている。そしてホッブスの理論があまりに神の存在を捨象し世俗化されすぎた結果、多方面から反感を買いオピニオンを得られなかったのに対し、彼の名を出さないままその理論を援用しつつ神を呼び戻したボシュエの主張は、ルイ一四世という強烈な個性によって国家の中枢に注入されることとなった。ヴェルサイユ宮殿がフランス絶対王政の建築による表現であるとすれば、ボシュエの著作のいくつかはその文字による表現だったといえよう。

したがって、ホッブスの後に現れたボシュエの王権神授説は単純な先祖返りや退化ではない。一七世紀後半に至ってなお宗教は人びとの実存に関わる最大関心事の一つであり、人心に訴えかける力はホッブスの高度に抽象的かつ合理的な論理よりも、神の栄光と王の威厳について壮大な世界観とともに語るボシュエの演説のほうがはるかに強かったのである。

たとえば、主権者に対する人民の服従と献身を獲得するには恐怖に訴えることが重要だという点は両者に共通している。だがホッブスが「人工的人間」ないし「可死の神」によって恐怖を掻き立てようとするのに対し、ボシュエは不死の神――全知全能の神そのものを持ち出す。国王と神は日食時の月と太陽のように一直線に並び、王に逆らうことは神によって断罪される罪となるのだ。リヴァイアサンが恐ろしいのは現世だけだが、神を怒らせたら未来永劫地獄行きである。神と神による死後の永遠の裁きを信じている人びとが多くいる社会ならば、後者のほうが正当性理論として強力に作用することは明らかである。

ボシュエの強みは、こうして神の威光に訴えるのが単なる戦略ではなく、彼自身の信念だったことだろう。説教師として圧倒的なレトリックと熱のこもった弁舌で聴衆を魅了し、旺盛な執筆活動で数々の論敵と縦横無尽に渡り合う「モーの鷹」の活躍は、彼の信仰なくしてはありえなかった。人びとがいまだ敬虔だった時代だからこそ、敬虔な彼の言葉が響いてフランスのオピニオンを獲得したのであり、むしろ国家論の世俗化を目指したホッブスのほうが時代を先取りしすぎていたのだ。

しかし一〇〇年ほど経てば、状況は一変する。中世は遠くなり、政治学は神学の手を離れて独り歩きしはじめる。そうしてもはや国王が地上における神の似姿であるなどと誰も信じなくなった時、ボシュエの言説はオピニオンを失うのである。そして彼の恐れていた事態が、ついにフランスにも到来する。

第四章　革命が生んだ新たな祖国
――オピニオンは国家のための死を求めるか

1　フランス革命＝二重の王殺し――「王は死んだ。国家万歳！」

ルイ・カペーの死

ボシュエによって地上の神となり、太陽王を自称したルイ一四世は一七一五年に死んだ。だがフランス国王は永遠に王冠を戴き、玉座に座り続けるはずだった――壮麗な宮殿、自然さえ支配するかのような広大な庭、古典古代のモチーフを散りばめた装飾や造形美術、文学や音楽までもが王を中心として花開き、その栄光を国の内外に知らしめた。「死なない王」の死は想像の埒外だった。

ルイ一六世が断頭台の露と消えたのは、そのわずか八〇年足らず後の一七九三年一月のことである(図6)。しかも彼は王として死んだのではない。その四か月前に王政が廃止され、彼の王位は剝奪されていた。ルイ・カペーは、自らの臣民の手で政治的身体と自然的身体の二度にわたって殺されたのである。

国王は名実ともに死んだ。ボダンやボシュエの恐れていたとおりならば、君主の死は国家の死となる。だが国王の首を切ってもフランスという国家は死ななかった。ホッブスが「人工の魂」と呼んだ主権は少しも損なわれず、リヴァイアサンは王の死を生き永らえた。それはルイ一六世がすでに主権者ではなくなっていたからにほかならない。彼がギロチンにかかる以前に、主権を体現する者は王から人民へと変わっていたのである。

図6　ルイ16世の処刑（1793年）
出典：フランス国立図書館（https://gallica.bnf.fr/ark:/12148/btv1b69496477.r=％22mort％20de％20louis％20capet％22?rk=42918;4）

革命においては、主権そのものが失われるのではなく、主権にまつわる原理の大転換が行われる。主権を君主のものとする正当性理論から、人民のものとする正当性理論へ――この転換のためには、理論を支えるオピニオンも同時に変化しなければならない。

唐突だが祭りの神輿《みこし》の方向転換を想像してほしい。一人で右に行こうとしたところで、周りがみな左に行くつもりなら神輿は左に進み続ける。ましてや担ぎ手でもない者が外から口を出しても、セイヤセイヤとかき消されて誰も聞いていない。人びとが耳を傾け、革命派による権力装置の奪取と維持を望むオピニオンを持つに至らなければ、どんな理想を語ろうともモナルコマキやジュリューと同じく現実を変える力を持たずに終わっただろう。

実際、人民主権の正当性理論そのものは革命以前から一部の知識人のあいだで注目を受けており、同時に王権神授説への支持もほぼ失われつつあった。だが人民主権論の主張が、当初から直接に革命や王政の廃止を訴える政治運動と結びついていたわけではない。ルソーのように、革命家によって聖典のごとく扱われたのは死後のことで、おそらく本人はそれを見て草葉の陰でひっくり返っているだろう場合もある。理論の力で革命が起きたとは必ずしもいえない。

そもそも、どの理論がいかなる理由でオピニオンを獲得するかすら確定的に語ることはできないのだ。分析や解釈が可能になるのは事後であり、要するに後付けである。というといささか卓袱台返し《ちゃぶだいがえ》しの感があるが、真理である。そしてだからといって解釈や分析が一切合切無駄というわけでもない。

人は何が多数のオピニオンを獲得するかを事前に知ることはできないが、それでも獲得を目指し、先例を参考にあれやこれやの工夫を施すのである。既存の権威ならば現状維持でも一定の支持は見込めるが、革命的な理論あるいは革命政府そのものであれば、多大な努力を払って人心を摑まなければならない。失敗すればすべてが灰燼《かいじん》に帰し、おそらく何も起きなかったよりはるかに悲惨な事態を国家に招くからだ。その時こそ、国家はほんとうに死んでしまうかもしれない。

ゆえに本章では、そうしたオピニオンとの緊張関係を中心にフランス革命を概観していくことにしよう。

二重の王殺し

フランス革命は、王とその一部の取巻きによる政策に貴族階級が反発したことから始まった。それがいつしか搾取する者とされる者の対立となり、人民の自由を訴える運動になっていったわけだが、一七八九年のバスティーユ襲撃の時点で王政の打倒を考えていた者はほとんどいなかったといってよい。革命家たちさえ予測も意図もしていなかった出来事の積み重ねで、フランスは共和政へと方向転換したのである。

なかでも重要なきっかけとなったのが、一七九一年に起きた国王一家のヴァレンヌ逃亡だった。ルイ一六世が監視下のチュイルリー宮殿を抜け出し、ネーデルラント国境付近の要塞で国内外の反革命派と合流しようと計画するも失敗、道中のヴァレンヌで逮捕された事件である。これは当時の革命政府が構想していた立憲君主制にとって致命的な打撃となった。国王が人民からの信頼を失ってしまったからである。以降、ルイ一六世を貶《おとし》める(往々にして下品な)風刺画が堰《せき》を切ったように流布し始め、王政を支えるオピニオンは急激に低下していくことになる。

図7　「国王の逃亡」(1791年)
出典：フランス国立図書館(https://gallica.bnf.fr/ark:/12148/btv1b8411375d/f1.item.r=fuite%20du%20roi)

　この時期に印刷された二枚の版画を例としてあげよう。「国王の逃亡」(図7)と題された一枚めで国王を馬車へと先導しているのは、良識をかなぐり捨て踏みつけにする王妃と山羊《やぎ》の足を持つ王妃の愛人フェルセン伯である。上空には蝙蝠《こうもり》の翼を持った教皇とともに、逃亡に協力したオーストリアの象徴であるハプスブルク家の鷲が描かれている。山羊も蝙蝠も悪魔の象徴であり、王室にはびこった悪徳の結果として——周りにいる従者たちすら娼婦を連れ込んでいる——国王は国外の勢力と通じ祖国を捨てたのだという逃亡事件の解釈が提示される。

　二枚めの「王家の高貴な下水道」(図8)は宮殿から脱出しようとする国王一家がテーマだが、下水道を歩き糞尿まみれになっているのも女性が下着や胸を露出しているのも逃亡の実態とは異なり、ひたすら王家を貶めるための表現である。だが何よりも国王に対する侮蔑を強烈に表しているのは、パリ市長が直接ルイ一六世に向かって排便しているところだろう。これらのイメージは、国王に対する人民の信頼と敬意が決定的に損なわれたことを端的に伝えている。

実際には国際関係や革命側の内部対立の情勢をはじめ、さまざまな要因が働いたにせよ、国王が地上の神のままであったならば王政の廃止など起こりえなかったことに疑いの余地はない。国家全体を体現し絶対的権力を与えられていたはずの王は、守るべき人民を裏切ったとみなされ、汚水の流れる暗渠まで引きずりおろされた。そして何の権力もない一市民として、人民の自由と国家の安寧を覆そうとした罪で処刑されたのである。

図8 「王家の高貴な下水道」(1791年)
出典：フランス国立図書館(https://gallica.bnf.fr/ark:/12148/btv1b8411367v.r=fuite%20du%20roi?rk=85837;2)

だが国王の権威を打ち崩そうとする革命政府にとっては、それだけでは十分ではなかった。斬首されたルイ一六世と王妃の遺体はマドレーヌ広場の集団墓地に無造作に捨てられた。そのうえ政府は、サン＝ドニの大聖堂にある王家の墓所から歴代国王はじめすべての王族の遺骸を掘り起こし、腐敗を早めるための石灰とともに寂れた修道院の墓地に投げ込んだのだ。後にルイ一八世が埋葬しなおすよう命じた時には、カペー朝、ヴァロワ朝、ブルボン朝合わせて一五八あったはずの体が二つの骨壺に収まるほどしか残っていなかったという。

王を唯一の頭部とする国家のボディ・ポリティックは、理念としても現実としても革命によって破壊し尽くされたのだった。

2 人民主権——合理主義と宗教

オピニオン獲得の試み——理性の神格化

革命政府は、王権神授説という旧体制の支配原理を執拗に否定するのと同時に、新体制のそれ——人民主権——への支持獲得も行わねばならなかった。その時彼らが中心的価値として掲げたのが、合理主義である。普遍的な理性が司る公平で公正な統治こそは、封建制や暴君による支配を打倒した革命の正当性根拠だったからである。

絶対王政期から進められていた中央集権化と官僚制の拡大は、共和政になってますます徹底された。度量衡《どりょうこう》は十進法にもとづいて統一され、暦さえ新しくなった。暦の改革が大きな意味を持つのは、それが過去との断絶すなわち歴史の刷新を象徴するからである。一七九二年は共和暦元年、元日は共和政が宣言された九月二二日となった。一年は従来どおり一二か月とされたが、一か月は三〇日に固定、一週間は一〇日である（したがってなんと休日は一〇日に一度しかやってこない）。そして暦に手を加えるならば、時間をそのままにしておく理由はなかった。やはり十進法の延長で一時間は一〇〇分、一分は一〇〇秒と定められ、それに従って時間を刻む新たな時計も製造された。この方式だと、一時間はそれまでの一四四分にあたる。こうした急激な改革は当然抵抗を呼び、すべてが政府の思惑どおり定着したわけではない。度量衡は最終的にメートル法として国境を越えて採用されるに至ったが、共和暦は一二年で、十進化時間は一般に普及しないままわずか半年余りで廃止された。

だが理性を中心に国家を再構築しようとする革命政府の試みで最も極端だったのは、理性そのものを信仰の対象にしたことだろう。ホッブスの合理的だが荒涼とした世界を、ボシュエがキリスト教の魅力で補ったことを思い出していただきたい。そのキリスト教も一八世紀末になるともはや十分な求心力を持っておらず、しかも旧体制の一部として王権神授説とともに捨て去らねばならない。人民主権に対するオピニオンを集めるためには、合理主義のほかに人の心を強く突き動かす要素がどうしても必要だったのだ。

だからといって理性を宗教化してどうする、と思うのだが、当人たちは（おそらく）いたって真剣である。パリのノートルダム大聖堂は「理性の神殿」の名を与えられ、一時は理性教の礼

図 9　「理性の祭典」(1793 年)
出典：Wikimedia Commons

拝の場となった(図9)。この理性教という疑似宗教を推進していたのは政府のなかでもジャック・エベールら一部の人間であり、後にその一派を粛清するロベスピエールは理性教を批判している。だがオピニオンを獲得するには宗教が欠かせないとの認識は彼も共有しており、一七九四年には自ら「最高存在の祝典」という叡智を礼拝する儀式を主催した。後者の演出は画家のダヴィッドが担当しただけあって大掛かりで緻密だったが、正直エベールたちとどっちもどっちという感想を禁じえない。

少々余談になるがこの両者の政争といい、革命政府内の権力闘争はあまりにどろどろしていて理性もへったくれもない。敵を倒すにはオピニオン獲得が成功の鍵でありプロパガンダが有効であることを誰もが承知していたために、時にはひどいフェイクニュースも流されたのである。

たとえばロベスピエールの評判を貶める意図で、彼が王になろうと画策しルイ一六世の娘との結婚まで考えていたという根も葉もない噂が出回ったことや、国王の玉璽《ぎょくじ》が彼の机から見つかったことがある。いずれも上層部でロベスピエールとともに働いていた仲間が裏で捏造したものだった。

こうした荒唐無稽なフェイクも、敵に寄せられている支持と信頼を傷つけ自らに正当性を付与するオピニオン操作という意味では、革命政府の政策を矮小化したものといえる。そして皮肉なことにエベールらの理性教もロベスピエールの最高存在崇拝も、彼らが権力争いに敗れて失脚しギロチンにかかることで市民に根づくまえに断絶したのだ。

とはいえ、理性に宗教的色彩を施すことで人心を掌握しようとする革命政府の試みがすべて失敗に終わったわけではなかった。聖ジュヌヴィエーヴの聖堂を古都ローマにならってパンテオンと呼び変え、合理主義と革命の精神を体現した偉人たちの霊廟とする計画は、ヴォルテールやルソーに祖国の守護聖人のような地位を与えることになった。その後多少の紆余曲折があったにせよ、パリのパンテオンは基本的にフランスに偉大な功績を残した人物が眠る場所として機能し続けた。おそらくそれは、偉人たちの表現する普遍的価値が単に抽象的な理念のみでなく、祖国フランスの存在と結びついていたことと無縁ではない。

革命の理想は確かに人類に広く共有されるべきものと考えられていたが、ほかならぬフランスが世界をその理想へと先導するという誇りは、「フランス人民の代表」として「人間と市民の諸権利」について語った人権宣言にも色濃く表れている。革命は理性や自由、人権といった普遍的な要素に、祖国フランスという特殊な存在を重ね合わせることに成功した。

国家の生命線として、キリスト教に代わる新たな宗教を人工的に創り出す革命家たちの企みは成就しなかった。そのかわりに、いまや国家そのものが人びとのオピニオンを強く惹きつける聖性と魅力を帯び始めたのである。

「死なない国家」のために自らが死ねるか

こうした革命期の「祖国愛」や、「共和国」および「ナシオン」への愛着を近代ナショナリズムの始まりとする研究者は多い。詳しくみていけば、これらの用語は出自も異なり一緒くたに語るべきではないのだが、この時期のフランスが人びとのオピニオンを国家に引きつけようと努め、その試みがある程度実を結んだことは揺るぎない事実である。

革命は実現した。国家は死ななかった。だがフランスは生まれたばかりの赤子のように手つきも足取りも覚束《おぼつか》ないまま、国内外の反革命勢力と向き合わねばならない。強硬な貴族たちは亡命した者も国内に留まった者も虎視《こし》眈々《たんたん》と旧体制への揺り戻しを狙い、周辺諸国は革命が自分たちの王政まで脅かすことを警戒して新体制への敵意をむき出しにする。フランスという国家が死なないためには、それを守るために命を投げ出す人間がどうしても必要だったのである。

一七九一年、革命政府は義勇兵を募る布告を出す。国民は政府の予測を超える熱気でそれに応え、各地の登録所には若者が殺到した。実に一〇万を超える新兵と一六九もの新たな部隊がフランス軍に合流したのである。だがそれでさえ十分ではなかった。革命政府は、ルイがまだかろうじて王位にあった一七九二年四月、オーストリアに宣戦布告する。約一〇年続くフランス革命戦争の勃発である。当時、士官のほとんどが貴族階級に占められ王政の価値観に染まり切っていたフランス軍は革命の影響で混乱のさなかにあり、あっという間に劣勢となった。七月になるとプロイセンも参戦し、窮地に追い込まれた政府は再び次のように国民に呼びかけた。

市民諸君、祖国は危機に瀕している。
その手にある尊いものを守るため先頭に立って行進する名誉を得ようとする者は、自らが自由なフランス人たることを永遠に胸に刻むだろう。〔中略〕みなが真の力に備わる静謐な勇気を示し、法が行動の合図を下すのに備えるならば、祖国はきっと救われる。

後にパリの凱旋門にも英雄として刻まれる一七九二年の義勇兵は、しかし実は前年ほど祖国を守る意気に燃えてはいなかった、と歴史家アラン・フォレストは指摘する。革命に熱狂していた者は一年前にもう軍隊に加わっていたし、いざ戦争が始まってみればフランスは敗け続きである。そのうえ今回の募兵が行われた秋は、農業の繁忙期だった。夢と冒険ではどうやら腹が膨れないらしいと考えた者たちは多かった。人員を集めるのに苦労した地方ではかなり強引な――報奨金を出したり、くじ引きで運の悪いやつに押しつけたり、若者の無知とノリの良さや悲惨な境遇につけこんだりといった――手段も使われたという。

とはいえ熱気にかなりの地域差があったのも事実で、たとえば、この時マルセイユから来た兵士たちの歌っていた軍歌はパリで「ラ・マルセイエーズ」として大流行することになった。軍歌だけに「敵は懐に入り込んで息子や妻の喉を掻き切ろうとしているぞ」だの「われらの畑にやつらの汚れた血の雨を降らせてやれ」だの、なかなか強烈な歌詞なのだが、三年後にこれを「革命の成功に寄与した」として正式な国歌に採用したところに、当時の政府の考えが如実に表れているともいえる。いずれにせよ一七九一年と九二年に集まった義勇兵たちは、敵国に情報を流していた国王と王妃をタンプル塔に幽閉し王政廃止の気運を高める一方、オーストリアやプロイセンにも勝利を収め、一時的だが実際にフランスを危機から救うこととなった。

しかし義勇兵は正規軍とはなりえない。農民や職人であった彼らの多くは、使命を果たしたと考えて故郷に戻ってしまったのである。そうして前線に人員が不足し始めるなか、一七九三年一月にルイが処刑される。これは情勢を静観していた他の周辺諸国をも激怒させ、政府はオランダとイギリスにも宣戦布告せざるをえなくなった。再び追い詰められた政府は同年二月に三〇万という具体的な数字を目標に掲げて兵を募るが、愛国心を焚きつけて志願のみに頼る手法はすでに限界を迎えていた。ついに募兵を不満に思った地方から、政府に対する大規模な反乱が起きたのである。特に深刻だったヴァンデの乱は反革命の象徴とされ、その制圧は政府によってあえて「戦争」として語られることになる。革命に逆らう者はもはや同胞ではなく、殲滅すべき敵となったのだ。

三〇万募兵令は二つの思わぬ帰結を導き出した。第一に、ヴァンデ戦争の責任をジロンド派に押しつけることに成功したジャコバン派が政権を握り、ロベスピエールの恐怖政治に道を開いた。第二に、もはや志願兵に頼るのは不可能だと悟った政府が徴兵を決断したのである。

八月、革命政府は次のような文言から始まる徴兵令を公布した。

> 今この時より、敵が共和国の領土から打ち払われるその日まで、すべてのフランス人は軍務への永久徴集のもとに置かれる。若者は戦いに身を投じ、既婚男性は武器の鋳造と糧秣《りょうまつ》の輸送にあたる。女性は天幕を縫い病院で務めを果たす。子供らは古布を裂いてガーゼを作る。老いた者は広場に足を運び、兵士たちの勇気を鼓舞するとともに君主たちへの憎悪と共和国の連帯を説いて回るのだ。

この徴兵が前年までの義勇兵や半年前の募兵令と根本的に異なるのは、少なくとも理念上は一八歳から二五歳までの独身ないし子供のいない寡夫全員を平等に対象とし、かつ志願という建前を取り払った点である。フォレストによれば、八月の徴兵が半年前のような大きな困難や抵抗もなくすんなり目標の数字を達成できたのは、恐怖政治の影響も大きかったにせよ、この公平性が市民たちを納得させたからということになる。

かくして理想に燃えたわけでもなく、富裕層でさえ金銭を積んで兵役を逃れることを許されなかった雑多な若者の集まりは、他国とは桁違いの数の兵士となって共和国軍に送り込まれた。脱走する者も多かったとはいえ、一七九九年まで新たな大規模補充を必要としないほどの兵力が徴集されたのである。この豊富な人員が功を奏し、フランス共和国軍は敵国に次々勝利を収めるとともに国内の反乱も鎮圧していく。

しかしだからといって、革命政府は祖国のために命を賭けて戦う市民の理想像を取り下げたりはしなかった。国民の賛同を得、兵士の士気を高めるためにもオピニオンの獲得は依然として重要だった。結局、愛国心はフランスの軍事力を維持し正当化するための核として機能し続けたのである。

一七九二年から使われ始めた「共和国は一体にして不可分なり――自由、平等、友愛、然らずんば死を」と題するポスターはさまざまなバージョンが作られ印刷された(図10)。多くのデザインに共通するのは右の文句と三色旗、革命帽、そして武器である。ここでは革命の理想と共和国が死と並置され、命を捧げるに値するものとして喧伝されている。すなわち国家を死なせないために、国民が死なねばならない。

「自由か死か」というスローガンはアメリカ独立戦争の頃から革命家たちに好まれてきたが、ここで戦いは国家権力の圧制を打ち砕くためのものから祖国を守るものへと移り変わっている。ロベスピエールは名誉欲と私利に走りがちな職業軍人を警戒し、兵士たちが素朴な祖国愛を抱く市民であり続けることを望んでいた。

図10　「共和国は一体にして不可分なり――自由，平等，友愛，然らずんば死を」（1793年）
出典：フランス国立図書館（https://gallica.bnf.fr/ark:/12148/btv1b69503876?rk=64378;0）

このロベスピエール的「市民兵士」の理想を最も端的に表現していたのが、九三年八月の徴兵令直後に企画された官製の月刊誌『フランス共和国の市民的・英雄的行為実例集』だろう。これを一五万という当時としては異例の部数で発行し、全国各地に無料で配布したことからも政府の傾注ぶりがわかる。『実例集』は一七九四年二月の創刊からわずか半年後、恐怖政治の終焉と同時に打ち捨てられてしまうが、その六か月のうちに一般市民の美徳や勇気にまつわる観念を劇的に書きかえることに成功した。

共和国と同胞のため勇敢に戦い、降伏よりは名誉ある死を選ぶ一般市民像は、長らく特権階級によって独占されてきた英雄のイメージの民主化ともいえる。しかし徴兵令が老若男女の別なく呼びかけ、女権論者オランプ・ド・グージュが「勇猛であることに年齢も性別もありません」と記したとおり――直後に彼女自身も恐怖政治によって反革命の烙印を押され、断頭台にかけられることになるのだが――英雄になる権利を平等に与えられた国民は、同時に祖国に奉仕する義務をも等しく背負うことになった。戦争に国民を総動員する「総力戦」の起源がフランス革命にあるといわれるのは、このためである。

こうして人員とオピニオン調達のためのプロパガンダが積み重ねられるうち、一七九二年までの義勇兵と一七九三年以降に組織された兵との質的な違いは曖昧になっていく。いずれも祖国に命を捧げた理想的市民としてその後も繰り返し神話化され、伝説化された。しかし新兵はいつまでも新兵のままではいられない。長びく戦争を生き抜いた現実の彼らは、いつしか軍隊という特殊な組織の価値観を内面化した熟練兵となっていた。作られたイメージの陰で、自発的に集まった市民の群れは訓練と経験を積んだ職業軍人の集団へと変貌を遂げていたのである。

ロベスピエールの危惧は正しかった。勝利を重ねて国民の熱烈なオピニオンを獲得した軍人のなかから、共和国よりも己れの栄誉を優先する人物が現れた。皮肉にもさんざん褒め称えた「祖国のために戦う英雄」によって、革命と共和国は終わりを迎えることとなる。

3 そして帝政へ——皇帝ナポレオンのオピニオン操作

巧みなイメージ戦略

一八〇四年、再びフランスの支配原理は入れ替わった。国会の議決と国民投票を根拠として——まさに王法理論的な不可逆の権力移譲という形で——ナポレオン・ボナパルトが皇帝の座についたのである。国家はこの時も死ななかった。それどころか、周辺諸国を侵略し強大な帝国へと膨張し始める。ここではそうしたナポレオン帝政期の統治について詳しく述べる余裕はない。だが、彼がいかにオピニオン操作によって民心を掌握することに長けていたかを指摘しておきたい。

ナポレオンがそもそも武官として有能だったことは、当然ながら大きな意味を持った。戦勝はいつの世も国民を高揚させるからである。彼はそれにくわえて、文官としての能力もかねそなえていた。共和政を引き継いで合理的支配を重視し、中央集権化と官僚制の充実をさらに徹底させた。法典を定め、任官は能力主義をもってあたった。テクノロジーの重要性も理解し、戦場にも政治にも積極的に導入した。だが同時に、こうした合理的思考や理念が容易に定着しないことも知っていた彼は、革命によって排除された伝統的な言説やイメージ、シンボルなどを貪欲に利用していったのである。

その象徴的な例が、ローマ・カトリック教会との関係修復だろう。皇帝になる前から教皇と交渉し政教条約を締結、自らの戴冠式をノートルダム大聖堂で執り行ったのだ。興味深いのは、ローマ教皇まで招待しておきながら冠は自分で自分の頭に載せたところである。自分が皇帝となるのは神や聖職者ではなく人民に望まれたからだ——ということをアピールしつつ、教会の権威だけは最大限利用するのだから相当したたかである。

有名なダヴィッドの絵画では、さすがに自分で戴冠している図では様にならなかったのか、妃のジョゼフィーヌにナポレオンが冠を授けるシーンが描かれた(図11)。ナポレオンの後ろでひっそり祝福の手ぶりをしているのが、教皇ピウス七世である。

この図からは、冠を授ける人物のほかはファッションもポーズも、いかにナポレオンの戴冠式がフランス国王のそれを踏襲して行われたかが伝わってくる。ありていにいえば、「なんだか偉そう」という心象を条件反射的に国民に与えるよう計算されているのだ。たとえばアーミンの毛皮と絹のビロードのたっぷりしたマントに金糸で紋章を縫い取った皇帝と皇妃の衣装は、ブルボン朝の王が戴冠式で身にまとったローブとよく似ている。違いは深い青が緋色になったこと、そして紋章のフルール・ド・リスが蜜蜂に変わったことである。

とはいえ王族ではないナポレオンが王朝の猿真似をしても、うさん臭さが際立つだけなので、彼は伝統を巧妙に自分流にアレンジして取り入れていく。蜜蜂は古代から支配者を中心とした理想的な共同体の比喩として使われていた歴史があり、ルイ一四世も用いたが、フランス王家といえばやはりフルール・ド・リスの印象が強い。人民から選ばれた皇帝ナポレオンと彼が統治する新しいフランスを表すには、蜜蜂はうってつけのシンボルとなった。

また王ではなく皇帝を名乗ったのも、革命後の人民主権と整合性のある古代ローマ皇帝のイメージを援用したからである。ゆえに月桂冠や鷲など、古代ローマ帝国のシンボルやデザインも随所で多用された。皇帝は国王よりも上位にあるので、王政復古を虎視眈々と狙うブルボン家を牽制するのに都合がよかったという

図11　ジャック＝ルイ・ダヴィッド《ナポレオンの戴冠式》(1804年)
出典：Wikimedia Commons

事情もある。

栄光の物語

ナポレオンは、自分が支配するフランス国民の心性を知り尽くしていた。合理主義精神だけでは人心は高揚しない。理想と祖国のために命を捧げる英雄の存在や、理性においても武勇においてもフランスは他国に抜きん出ているという栄光の物語が必要となる。革命政府が考えた筋書きを最大限利用し、類稀《たぐいまれ》な才覚でそのすべてを乗っ取ることで、彼は一士官から皇帝の座へと昇りつめたのである。フランス革命戦争で活躍していた時、ナポレオンはすでにこう語っていた。

三〇〇〇万人の共和国だと！　われわれの習俗と悪徳を伴った！　そんなものの実現する可能性がどこにある？　それはフランス人が心酔した妄想だったが、他の妄想とともに消え去るだろう。彼らに必要なのは栄光、虚栄心の充足だ。自由なぞ気にかけているものか。

であればこそ、彼は皇帝であるために勝ち続けなければならなかった。だが永遠に勝ち続けることなど人間にできるわけもない。帝政は敗戦とともに終焉を迎える。しかし彼が人生をかけて描き演出した物語は、現実にかき消されるにはあまりに魅力的だった。それはナポレオン神話となって、帝政が潰えたあとも彼の死後も、歴史に影響を及ぼしていく。シャトーブリアンによれば、「生きているうちは掴みそこねた世界を死して手にした」のである。

このことは同時に、合理的言説・制度と非合理的言説の融合や、プロパガンダ装置による徹底したオピニオン操作がいかに有効かを実例として示すことになった。そのことに誰よりも早く気づいていたのは、失脚した皇帝本人だったかもしれない。晩年、軟禁されたセント＝ヘレナ島でナポレオンは側近にこう語っている。

帝国支配を築く鍵は何か、私にはすっかりわかっていた——みな政府の機能不全にうんざりして、いい加減けりをつけたがっていたのだ。私がやらなければ、きっと他の誰かが同じことをしただろう。〔中略〕もう一度言うが、ひとりの人間は所詮ひとりの人間でしかない。状況とオピニオンが味方してくれなければ、どんなやり方をしようが無駄なのだ。オピニオンがすべてを決める。宗教改革を起こしたのはルターか？　違う、オピニオンが教皇たちに逆らったのだ。ローマと縁を切ったのはヘンリー八世か？　違う、彼の国民のオピニオンがそう望んだのだ。

革命政府が試行錯誤しナポレオンが天才を発揮したオピニオン操作術は、一九世紀から二〇世紀にかけて多くの国家で採用され、さらに洗練を重ねることになる。こうして国民のオピニオンのすべてが国家に向けて収斂していく時代、国民国家とナショナリズムの世紀が到来するのである。

第五章　現代の国家
――ナショナリズムとオピニオン

1 ナショナリズム——危険なる「愛」

かつてボダンやホッブスが強大な主権国家を構想したのは、内乱を終結させ政情を安定させるため——いいかえれば、国家を死なせないためであった。ではなぜ国家を死なせないことがそれほどに重要だったのか。それは国家の死が、そこに暮らす多くの国民の死を意味したからである。

だがフランス革命戦争は、国家を死なせないために国民に死ぬことを求めた。そして祖国を救おうと命を捧げる英雄たちとその勝利について語ることで、国家を死ぬに値するものとして称揚した。以来、テクノロジーと兵器の進化は戦闘の規模を大幅に拡大し、戦線を維持するのに必要な兵士の数はどんどん膨れ上がっていった。職業軍人のみならず市民をも総動員しなければ、近代戦争においては国家を守り切ることなど到底不可能となった。人を死なせないために強大化したはずの国家が、その存続のために大量の人間を死地に送り込むようになったのである。この逆転現象を許したものこそ、国家の呼びかけに応える国民のオピニオンであった。

別の言い方をすれば、ナショナリズムにほかならない。

　国家が祖国愛に火をつけ、国民が燃え上がらせる。それが徴兵制と結びつけば井上のいう「死にがい付与システム」となり、人間の生命を犠牲にすればするほど国家の価値は上がっていく。いつしか国家は聖性さえ帯びるようになり、カントロヴィッチが指摘するとおり「祖国のために死ぬこと」は疑似宗教的な行為となる。

　ベネディクト・アンダーソンを再び引けば、二〇世紀の二度にわたる世界大戦の異常さは殺し合いの激しさではなく、「途方もない数の人々がみずからの命を投げ出そうとしたということにある」のだ。彼はいう、「国民《ネーション》は愛を、それもしばしば心からの自己犠牲的な愛を」呼び起こす。人びとがそれぞれの愛する国家を死なせたくないと望んだ結果、その国家に本来守られるはずだった命がどれだけ失われたか――そしてその数が人類史上どれほど桁外れなものであったか――は図12に端的に表れている。

　これは痛烈な歴史のアイロニーである。決してこうなる必然性はなかったし、ナショナリズムそれ自体が悪や害と断じられるほど単純なものでもない。アンダーソンが喝破したとおり、それが憎悪ではなく愛に根ざしているのなら、経済発展や充実した社会保障の実現には国民の紐帯を促すようなナショナリズムが必要であるという議論も、リベラル・ナショナリズムのようなパラダイムも合理性を有するだろう（元フランス大統領ジャック・シラクはフランスの経済

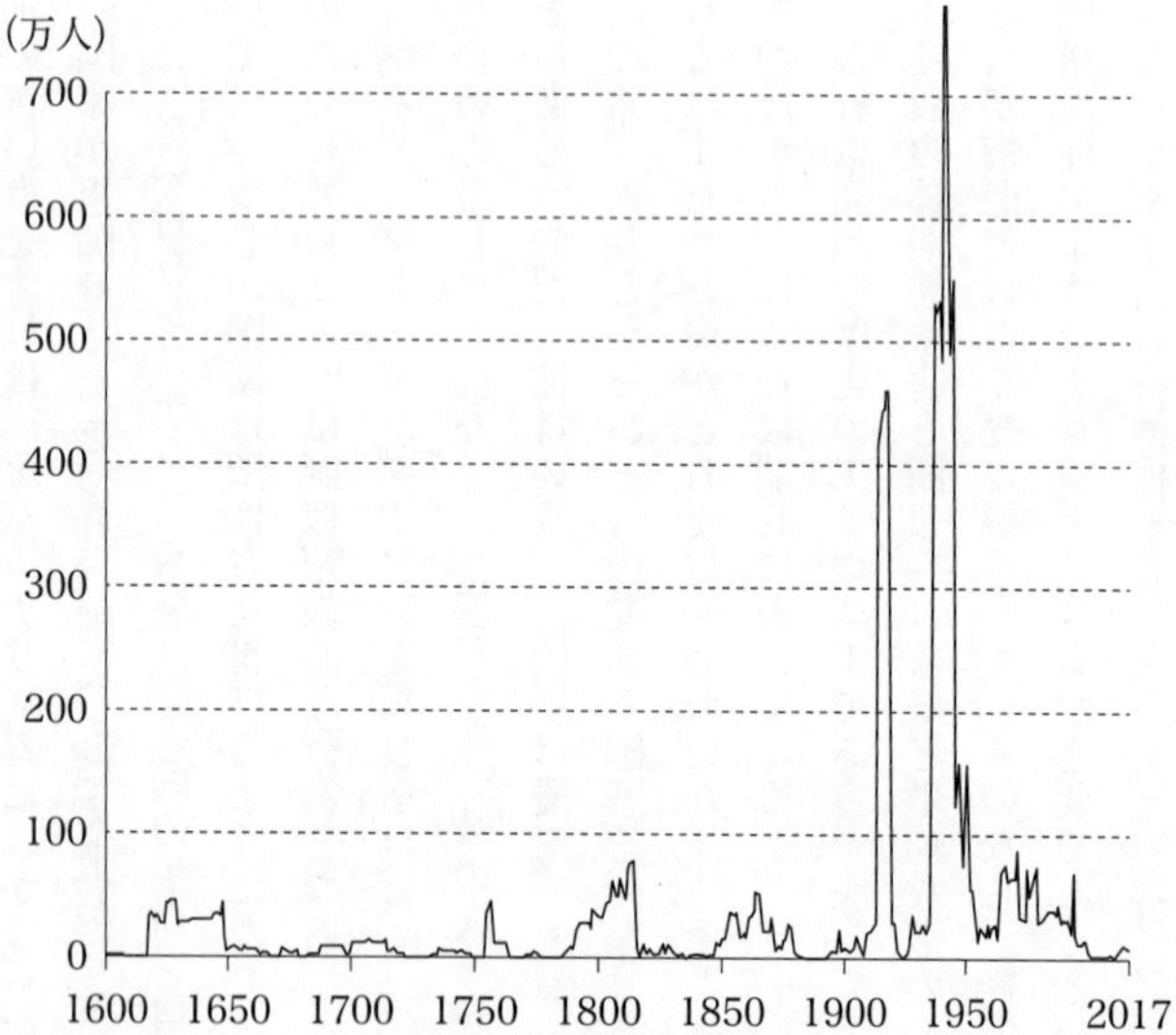

図 12　歴史上の紛争による死者数
出典：マックス・ローザー「戦争と平和」(2016 年．https://ourworldindata.org/war-and-peace）を一部改変

活性化のために経済的ナショナリズムを唱えた）。だが、国家を支える強力なオピニオンとしてのナショナリズムがそれぞれに自国の権力や安全や利益を追求し続けるならば、国家同士の利害はいつしか対立し、さらに敵対的になっていく。祖国愛をプロパガンダが排他的に提示すれば、それは容易に他国民・他民族への蔑視や嫌悪、憎悪、そして非人間化にまで転じてしまう。

紛争を調停する規範や制度が存在しない時、国家と国家の関係はホッブスが想定した自然状態も同様である。自然状態を逃れるために最高にして絶対の権力を手にしたはずの主権国家は、まさにそれゆえに上位の存在を持たず、国家の外の世界では万国の万国に対する闘争を止めるための確固たる手段を持っていなかったのだ。

こうしたナショナリズムの破壊的な作用を視野に入れつつ、政治思想史家のイシュトファン・ホントは次のような重要な指摘をしている。自由市場や自由貿易が産業の交流に繋がり、国家・国民間の交流は世界に豊かさと平和をもたらす――といった楽観論は一八世紀から存在するが、そうした主張でよく引き合いに出されるアダム・スミスやデイヴィッド・ヒュームは、経済と自国中心主義が結びつくことの危険性に十分気がついていたというのである。本書でもオピニオン論の先駆者として取り上げたヒュームは、実際に「貿易の嫉妬」が国家同士を敵対させ、「偏狭かつ悪意あるオピニオン」がさまざまな弊害をもたらすと警告している。

いくらか商業的に発展を遂げた国に何よりありがちなことといえば、近隣諸国の進歩に疑いの目を向け、あらゆる商業国を競争相手とみなし、彼らを踏みつけにしなければ栄華を極めるなど到底不可能だと思い込むことである。

そして、ヒュームはこのようにゼロサム的に経済を捉えることの誤りを指摘し、そのような敵対意識を克服する必要を説き、またそのためのオピニオン形成に自らも尽力するのである。だが残念ながら、ヒュームの鳴らした警鐘は二〇世紀に届くほど大きくは響かなかった。

2 「死なない国家」の新世界秩序

パリ不戦条約――「不戦」の理念

二度の世界大戦と尋常ならざる数の死者という災禍はナショナリズムの必然的帰結ではなく、その要因もまたナショナリズムだけではない。何がそれを引き起こしたのかという、大きな問いにここで向き合う紙幅もない。だが「死なない国家」にまつわるオピニオンが、いかにしてナショナリズムを全面戦争に駆り立てたかを考えることはできる。

端的にいうならば、二〇世紀前半までの世界では戦争の勝敗が国家の存亡を左右するというのが事実であり、人びともそう信じていたのだ。ネーデルラント共和国はフランス革命戦争に敗れて終焉を迎え、ヴェストファーレン王国やホラント王国など、ナポレオンが征服によって築いた傀儡《かいらい》王国は皇帝の敗北とともに消え去った。ポーランドも周囲の大国に食いちぎられるようにして領土を失い、消滅した。植民地のようにそもそも主権国家としてヨーロッパ諸国に認知されていなければ、その土地の権益も主権も当然のように征服者のものとされ、被征服者たちの主体性など誰も顧みなかった。

理論上死ななくなった国家も、国家同士の武力衝突という現実のなかでは死に絶えることがありえた。ならば祖国を愛しその永遠の生を願うナショナリズムが、国家滅亡の現実的可能性を全力で遠ざけねばならないと考えたのも不思議ではない。

だがこれとまったく違う道のりで、国家を死なせない世界をつくろうとした人びとがいた。彼らの努力が結実したのが、一九二八年に調印された「戦争放棄に関する条約」、通称パリ不戦条約である。

敗戦による国家の死を免れたいならば、この世に戦争があるかぎり勝ち続けるしかない。だがそんなことは人間にはおよそ不可能であるし、そもそも勝ったところでやはり命はどうしようもなく大量に失われる。第一次世界大戦の戦勝国であるフランスは、一七〇万人近くの犠牲者を出したともいわれている。人口比四パーセント超という数字は敗戦国のドイツさえも上回るものだった。ならば、戦争などそもそもするべきではないのだ。

世界大戦によって突きつけられたこの非情な現実を前にして、人類史上初めて「戦争そのものを違法化する」という発想が生まれた。アメリカで運動が始まり、当初は米仏の二国間条約だったものが調印時には一五か国が参加、最終的に六三の国と地域が賛同するに至った経緯にはかなり紆余曲折がある。本書冒頭で紹介したハサウェイとシャピーロが詳細に綴っているが、高潔な理想のために多くの人間が奔走している一方、名誉欲だの嫉妬心だのといったあまり美しくない面もある。それでも、以下のたった二つの条文にはグロティウスとウェストファリア条約以来の国際秩序を一変させうるだけの理念がこめられている――はずだった。

第一条　締約国は、国際紛争の解決のため戦争に訴えることを罪とみなし、戦争を締約国間の交渉における国策の道具とすることを放棄する旨、各々の人民の名において厳粛に宣言する。

第二条　締約国は、相互のあいだに生じうる論争と対立について、その性質と起源とにかかわらず、一切が平和的手段によってのみ調停ないし解決されるべきことに同意する。

実際には、数百年続いてきた国際法の常識を一夜にして塗り替えることの意味を、ほとんどの参加国が理解も覚悟もしていなかったのである。ただ理想を口にすれば世界が変わるわけではない。昨日までの正しさを今日否定するためには、明確な理念と（それなりに）堅固な理論、実効性のあるシステム、そしてそれらすべてを支える揺るぎないオピニオンが必要となる。このうち不戦条約の時点で「戦争の違法化」という新秩序が手にしていたのは、ただ理念だけだった。

カール・シュミットの寸鉄

そして旧秩序の立場から、この理念を激しく攻撃した人物がいる。ドイツの公法学者にして政治思想家のカール・シュミットである。

ホッブスとボダンの強い主権国家観に傾倒し、後にナチスの党員となってからはその著作で政策の多くを正当化した彼の思想は、戦後手厳しく弾劾されながらも多くの人びとを惹きつけてきた。扱う概念を誰も真似できないほど徹底して突き詰め、透徹した議論に鍛え上げる彼の思考は確かに刺激的かつ魅力的である。しかも名高い『政治的なものの概念』は、実に不戦条約の理念を反駁することを目的の一つとして書かれたのだ。

本書では、シュミットの思想はもちろん『政治的なものの概念』の全体像さえ扱う余裕はない。だがそこに表れた旧秩序と新秩序のせめぎあいは、政治におけるオピニオンの役割がどこにあるかをくっきりと描き出している。

政治の本質は友と敵の区別にあり、したがって戦争という物理的殺戮の可能性は常に政治の前提となっている、とするシュミットの主張は強烈である。国家の機能は領土内に「完全な平和」と「平静・安全・秩序」を確立することだが、それは平和と秩序を脅かす者を敵として排除するのと表裏一体である。旧秩序に備わっていた暴力性を蒸留し、アルコールのように凝縮したシュミットの「政治」において、戦争の放棄は主権国家にとってほぼ自殺行為となる。彼によれば、敵とはその存在自体が自己の存在を脅かすような異質な他者であり、戦争や内乱は、その他者を排除しなければ自己が生き永らえないほど対立が強まった時に起こる。そうした実存的な問いに決断を下せるのは当事者だけであり、それこそが国家の主権なのだ。

> 決定的な政治単位としての国家は、途方もない権限を一手に集中している。すなわち、戦争を遂行し、かつそれによって公然と人間の生命を意のままにする可能性である。なぜなら、交戦権は、このような自由に処理する権能を含んでいるからである。それは、自国民に対しては死の覚悟を、また殺人の覚悟を要求するとともに、敵方に立つ人びとを殺りくするという、二重の可能性を意味する。

自己の存在がかかっているのでないかぎり、このような殺戮を正当化する理論など存在しないと、シュミットは指摘する。もしこの重大な決断を他者に委ねるのであれば——つまり第三者がその戦争が必要か否かを判断するのであれば——その国家はもはや政治的主体ではない。

パリ不戦条約はこの自衛のための交戦権を否定するものではない以上、新たなことを何も言っていないに等しい。それどころか、戦争を断罪し追放するというのは、現実には戦争という罪を犯した国家や民族を断罪し追放することにほかならず、結局新たな敵を生み出す口実にしかならない。しかもこの敵は倫理的な悪として国際的に認知されるのだから、かつてなく非人間的な攻撃の的とされてしまう。そしてもし、ある国家が不戦を徹底し、この自衛の権利すらも放棄するというのであれば、そのような国家はなすすべもなく消滅することになるだろう。

一国民が、あらゆる政治的決定を放棄することによって、人類の純道徳的ないし純経済的な状態を招来することなどはありえないのである。一国民が、政治的なものの領域に踏みとどまる力ないしは意志を失うことによって、政治的なものが、この世から消え失せるわけではない。ただ、いくじのない一国民が消え失せるだけにすぎないのである。

パリ不戦条約がどれほど崇高な理念を謳おうと、誰も現実にはそんなお花畑に引っ越したりしない、とシュミットはいう。どれほど美しい建前を並べ立てても、それが政治の本質を変えることはない。

諸国民が、いぜんとして現実に友・敵のグループを形成しているのはけしからんと考えるかいなか、あるいはそこに、未開時代の先祖返り的な残滓を認めるかいなか、あるいは、

〔友・敵の〕区別は、いつの日か地上から消滅するものと期待するかいなか、あるいは、教育的根拠から、およそ敵なるものはもはや存在しない、というふりをよそおうのがよいことで正しいことかもしれぬ、などということはすべて、ここでは問題にならない。ここで問題なのは、擬制や規範ではなく、この〔友・敵〕区別の存在としての現実性と現実的可能性なのである。

シュミットの指摘は正しかった。条約調印から三年後、違法化されたはずの他国侵略に最初に乗り出したのは日本である。それからさらに四年後、イタリアがエチオピアに侵攻する。危機に見舞われた中国とエチオピアは国際社会に行動を求めた。だが、国際連盟規約と不戦条約は「平和という建造物の礎石」でありそこが崩れれば平和そのものが倒壊するだろう、極東の小競り合いであっても「運命の網はわれわれを一つに結びつけている」、という中国の悲痛な訴えも、交わした誓いを無視すれば「世界を血で染める全面戦争が引き起こされる」とするエチオピア皇帝の警告も、何一つ状況を好転させなかった。史上初めて戦争を違法化した世界は、その禁を破って戦争を始めた国家をどう扱うべきかまだ知らなかったのである。

そして一九三九年、ドイツとソビエト連邦がポーランドを侵略し、二度目の世界大戦が始まった。すでにその悍ましさと恐ろしさを味わい尽くし、遠ざけたはずの戦争に、世界は再び飲み込まれたのだ。

論理の空隙とオピニオン

不戦条約はわずか一〇年で空文化し、国際社会はまたしても友と敵に分かれて殺し合った。ならば「政治」はシュミットの唱えるとおり敵との闘争を前提とせざるをえず、新秩序のお花畑は旧秩序の兵器で散らされてしまったのだろうか。

しかし終戦後の世界を形作ったのは、新秩序のほうだった。シュミットが正しければ、敗戦国のドイツ、イタリア、そして日本は消滅しなくてはならない。この戦争には道徳的な意味づけもされていた以上、敵は単なる撃退ではなく抹殺の対象となるはずだったからだ。それでもドイツもイタリアも、日本も滅亡はしなかった。ではシュミットの論理と現実は一体どこで乖離したのか。

シュミットの理論が強靭なのは、概念から極力不純物を取り除いて緩みの一切ない論理を組み上げるからである。それを可能にしているのは見過ごされがち、誤魔化されがちな盲点を見つけ出す視線の鋭さだろう。そして、誰も思いつかなかった場所にカメラを置いて、誰も見たことのなかった角度から世界を映し出す。『政治的なものの概念』の立論は、個人の自由と権利を重視するリベラリズムでは政治の暴力性を捉えられない点を指摘し、その暴力性から逆に政治を語ろうとする鮮やかなものだった。そこには、あたかもマジックが行われているカーテンの裏に潜入して、トリックを白日の下に晒したかのような意外性と迫真性が両立している。

シュミットにしてみれば、不戦条約の理念は「擬制」(フィクション)、さらにいうと政治に内在する暴力性を隠蔽《いんぺい》する欺瞞でさえあったのだから、カーテンを引き剝がすのは当然である。そしてそこに映っているものが真理であることは歴史が証明している。

だが蔭山宏が指摘するとおり、概念の純粋さを追求しその領域に固有の要素のみに関心を集中するシュミットの思考は、時に実質的な内容を失って形式的理解に陥る場合がある。シュミットのカメラは真実を映すが、すべての真実を映すとは限らない。一言でいえば画角《がかく》が絞ってあるのだ。そして彼が自由主義を論じる時に、人権や寛容の問題にはほとんど触れないのと同様に、不戦条約の批判において扱われなかった重要な要素がある。オピニオンである。

シュミットは、国家が死ななくなる時代が来ることを想定していなかった。国家が友と敵とに分かれて争う、その可能性を原理的に否定することは不可能だと思っていたからだ。しかしある理念が現実となるためには、それと対極の主張を永久に葬り去る完璧な理論など必要ない。対立する価値のなかで、あえてその理念を選択しようとする人びとのオピニオンがあれば、理論の空隙は乗り越えられる。むしろ理論の余白で働く時、オピニオンの作用は最も露《あら》わになるとさえいえる。

「戦争の違法化」は確かに擬制＝フィクションである。しかしフィクションがどれほど強靭になりうるかは、フィクションを支えるオピニオンの強度によることを、本書では繰り返し確認してきた。十分なオピニオンが集まれば、人間は二度とカーテンを開けさせないと決意し、国家の死なない世界を選択することができる。

二度の世界大戦を経て、今こそ戦争という人造の災厄をこの世から追放しようと人びとは決断したのである。そして新しい世界の起点を、初めて戦争放棄が宣言されたパリ不戦条約に設定した。その根拠としてハサウェイらは、侵略によって乱れた国境線が、戦後におおむね一九二八年当時のものへと戻された事実を指摘している。ソ連が手元に残した一部の領土をのぞき、戦勝国は多大な犠牲を払って占領した土地をすべて手放した。敗戦国は命を永らえ、ポーランドやアルバニアなど、失われた国家も主権を回復した。さらに、二八年以前に征服され植民地化されていた国々も少しずつ独立を果たしていった。

すでに戦中から構想が始まっていた国際連合は、一九四五年六月にあらためて戦争の違法化を宣言する。ただし今度の宣言には、その理念に実効性を持たせるため国際法学者たちが知恵を絞ったシステムがセットで用意されていた。侵略は犯罪であり、征服ないし武力を背景とする脅迫によって得られた権益は一切認知されないこと。違反した国家にはまず経済制裁等の平和的手段を取り、それでも状況が改善しなければやむをえず武力が行使されるが、いずれの措置も国際社会が協力して検討し実行すること。その際、国家が犯した違法行為の責任を問われるのは決断主体たる政権担当者のみとし、国民全体に罪を負わせないこと。

こうしたいくつかの原則を法文化することで戦争放棄の理念はようやく制度として確立され、世界の新秩序となった。調印時には五一だった国連の加盟国は、今や一九三を数えるまでに増えた。旧秩序ならあっという間に大国に吸収されていたような、シュミットのいう「弱小諸国」や「いくじのない一国民」が消え失せない世界、理論のみならず現実においても国家の死なない時代が到来したからである。

もちろん、これで世界平和が実現したなどとは到底いえない。止められなかったいくつかの戦争や紛争、内乱、虐殺など、武力衝突はその後もさまざまな形で勃発し、なお多くの命を奪い続けている。国連のシステムは完璧には程遠く、大国の思惑で歪められることもあれば、難解な問いを前に意志統一が図れず自縄自縛《じじょうじばく》になることもある。

さらに戦後七五年が経って、分厚く引いたはずのカーテンは少しずつ薄くなり、端のほうからめくられようとしている。先制的自衛権をめぐる論争しかり、ロシアによるクリミア併合しかり——ハサウェイとシャピーロによれば、特に後者は大戦以降封印されていたはずの征服にあたり、戦後の新秩序の根幹を揺るがしかねない深刻な挑戦ということになる。クリミアが二一世紀における満州とエチオピアにならないと、誰がいえるだろう?

つまりパリ不戦条約の理念が新秩序を形作ったとしても、それは旧秩序の価値観を淘汰し、シュミットを打ち負かしたことにはならないのだ。むしろ戦後になってから、今ほど「政治的対立」や「友・敵関係」といった彼の議論が真に迫って響いたことはないかもしれない。現在の欠陥だらけの平和に失望したわれわれがそちらを選択し直せば、またいつ再び戦争が合法化され、国家が生死をかけて争う時代がくるかもわからない。数ある理念のうちどれを選び、何を目指して現実を積み重ねていくべきかは決して自明ではない。現在の国際秩序を支えているのが究極的にはオピニオンであるならば、そのオピニオンが変化すれば秩序もまた大きく変わりうるのである。

だからこそ、一九二八年と一九四五年に新秩序を求めた人びとの意志を、もう一度思い起こすべきではないだろうか。

当然ながら今まさに生活を脅かされ、奪われている人びとを置き去りにすることは決して許されない。そうした批判は不戦条約当時から存在したが、それは不戦によって国境線を二八年のまま固定することが植民地支配の肯定にほかならなかったからである。秩序は、その足元で踏みにじられ見捨てられている弱者の視点から常に問い直されねばならない。

しかしながら、かつて戦争で夥しい数の命が失われたこともまた忘れられてはならない。そして、不完全ながらも不戦を守っていることで奪われなくなった命の数を、それより小さく見積もる理由は何一つないのだ。国家が死ななくなったことには、やはり意味はある。現状がおよそ手放しで称賛できるような幸福なものでないにせよ、幾多の悲劇と反省を繰り返して今日の現実があり、人類史を一からやり直すことができないのであれば、どれだけ理想とかけはなれていようとも、われわれの生きる世界こそが歴史的現実であり、われわれはここから出発せざるをえない。

そして現在から未来にかけて維持したい価値、実現したい理想があるならば、その意志を明確に持って選択を表明しなければならない。これまで何度も本書のなかで示してきたとおり、いかなる理論も制度も権力も、オピニオンに支持されてはじめて力を持つのだから。

3　デモクラシーとオピニオン

オピニオンの現在

国家の役割は歴史のなかで大きく移り変わってきたが、国内においても国際社会においても、それがわれわれの生活に影響を及ぼす主要なアクターであることに変わりはない。そして同時に、われわれのオピニオンもまた国家の決断にさまざまな形で作用している。この循環は、まともに働かないことも多々あるとはいえ、まともに働いているかぎりは健全で望ましい。望ましいと考えた人間が多かったからこそ、それは歴史を通じてデモクラシーという政治形態に結実し広まったわけなので、これもまたオピニオンの賜物《たまもの》である。

だがこの状況がいつまでも続くという保証はない。ウィンストン・チャーチルによれば「デモクラシーは最低の統治形態だといわれている、これまでに試されたほかのすべてをのぞけば」ということらしく、要するに物理法則のように揺るぎない真理としてこの世に定着しているのではない。

権力を握った者からすれば、主に文句しかいわない被支配者の意見を聞かねばならないのは面倒だろう。したがって、もし何らかの理由でオピニオンに左右されることなく政治的決定を下せるようになるとしたら、権力者があえて茨の道に戻ってくるような変わり者でないかぎり、われわれが影響力を取り戻すことは当分のあいだ期待できない。しかもその理由が一過性でなく、不可逆的に世界を一変させる類のものであったなら――その時われわれにとって政治は永久に失われるだろう。

あやしい占い師のようなことを書いている自覚はあるが、別に壺を売りつけたいわけではない。冒頭で述べたとおり本書は、われわれの命が尽きるはるか未来の出来事だとしても、テクノロジーの進歩によっていつかそうした事態が到来することを危惧して書かれている。戦争や環境問題にはおそらく、ここを通り過ぎたらもう後戻りできないという臨界点がある。技術革新も同じで、一度到達してしまったレベルの知識は発見された物理法則のように世界に刻まれる。

味わってしまった便利さや快適さを忘れるのは容易ではないが、オピニオンが直接左右できるのは他者のオピニオンであり人間の選択までであって、時間を戻したり死んだ人を生き返らせたり、有ったことを無かったことにできるわけではない。ならば取り返しのつかない事態に踏み込む前に、オピニオンの力を使ってオピニオンを手放さなくてすむよう――それは突き詰めれば人間が人間の生を尊重することを意味する――努めなくてはならない。

そうした危機的な未来がいかにしてやってくるか、ありうる道のりはどんなものか、それを避けるために何ができるかといった問いは最終章で検討したい。その前に、単に歴史を分析する概念装置としてではなく、われわれが現実をより望ましい形で生きていくために、今この手に握っている道具として、あらためてオピニオンについて考えてみることとしよう。

オピニオンの主体

第一章でみたように、ヒュームは、力が常に多数者たる被治者側にあるにもかかわらず、その「多数が少数によって支配される時のたやすさ」に注目しつつ、次のように述べた。

したがって、統治の基礎となるものはオピニオンをおいてほかにない。そしてこの格率は、最も専制的にして最も軍事的な政権にも、最も自由かつ最も民衆に開かれた統治とまったく同じように当てはまるのだ。

そして本書では、こうしたボトムアップのオピニオン作用に着目しつつ、王権や国家権力を正当化する理論の有効性の度合いについて歴史的に考察してきた。さらにこの章の前半では、国際秩序の理念もまたオピニオンに支えられていることを確認した。だが一言で「オピニオン」とまとめられているこの意志の主体は誰だろう？　ヒュームは鋭く指摘する。

エジプトのスルタンやローマの皇帝であれば、おとなしい臣民を彼らの意見や意向に逆らって畜生のようにこき使うこともありえただろう。だが彼は少なくともマムルーク兵や近衛兵たちについては、人間として彼らのオピニオンにもとづいて指揮を執っていたに違いない。

つまり、オピニオンが統治の基礎であり、被治者のオピニオンなくして支配が成立しえないのは一般的真理だとしても、あらゆる被支配者のオピニオンがすべて同じ重みをもっていたわけでも、同等に尊重されていたわけでもないのだ。「エジプトのスルタンやローマの皇帝」が軍人のオピニオンを重視したのは、当時は武力を操る人間の忠誠さえ獲得すればその他の被治者を従えることなど容易だったからである。武力と恐怖で支配できるならば、民衆のご機嫌取りをする必要はない。人語を話しても聞く者がいない以上、彼らは動物と同じである。

だが時代が変わって社会が豊かになり識字率が上がると、オピニオンに配慮しなければならない「人間」の数が増えていく。国家にとって無視しえない経済力を蓄えた集団が、洗練された説得力のある仕方で政治についての意見を表明し始めるのである。フランスでは一七世紀末から一八世紀末までに全体の識字率が人口の四分の一から半分近くまで、女性についても一四パーセントから四分の一に上昇した。同時期のイングランドでも男性の識字率は六割、女性が四割に達していたといわれている。字を読めるようになった人びとのあいだに印刷物が普及し、貴族にくわえて一般市民もコーヒーハウスやサロンで文芸や政治について議論を交わし始める。ハーバーマスいうところの「市民的公共圏」の形成は、オピニオンの質と影響力を大きく向上させた。参政権こそ持っていなくても、こうしたパブリック・オピニオンはヨーロッパの各国で重視されるようになり、間接的にせよ政治を左右する力を手に入れた。一八世紀末のフランスでは、王権側も革命家たちも自分たちの正当性を主張するにはこのオピニオンを味方につけねばならなかったのである。

だが彼らは同時に、いかにオピニオンが予測しづらく御しがたいかを学ぶことになった。ヴァレンヌ逃亡が国民のオピニオンを一変させ、革命家すら求めていなかった王権の転覆に繋がったことはすでにみた。同様の事例は日本史にも存在する。江戸時代末期、それまで最高権力の座に君臨していた徳川幕府の威信が失墜し、反対にほとんどの庶民に忘れ去られていた天皇の権威が突如浮上する。三〇〇年間人びとを平伏させてきた葵の御紋よりも、誰も見たことのなかった錦の御旗のほうを畏れるようになったのである。

一夜にして敵と味方、天と地が引っ繰り返るような大逆転さえ起こす力がオピニオンには備わっている。ただし、それを予測しコントロールすることは決して容易ではない。ナポレオンやナチスのように、プロパガンダを通じてオピニオンを操作する技術を空恐ろしいほどに磨いていった例もあるが、それが万能ではないこともまた歴史が証明している。多くの場合、権力が失態を犯したり玉座から転げ落ちたりすると、夢から覚めるようにプロパガンダの効果は薄れオピニオンを失ってしまうのだ。

両義性の政治

オピニオンの主体が時代とともに拡大し影響力を増していったことは、彼らが支持する正当性理論にも反映された。国民主権の理念のもとオピニオンは選挙として制度化され、国民という単位に統一されると同時に、直接政治に作用するようになった。いわずと知れた代議制デモクラシーである。もちろん、依然として間接的な影響力も失っておらず、選挙以外で一般市民が政治的発言をする場は情報産業の発達とともにますます広がっていく。

二〇世紀に入ると、オピニオンは国政ばかりか国際世論として国際政治にも働きかけるまでになった。不戦条約の成立についてもアメリカおよびヨーロッパの世論の後押しが大きく作用したこと、それは戦争違法化を訴える最初期から、運動家たちが意識してオピニオンを動かそうとした努力の結果だったことは、ハサウェイとシャピーロのみならず牧野雅彦および三牧聖子も指摘している。

そして二一世紀の現在、国内はもちろん国外の市民との交流や連携さえ容易にしたインターネットおよびSNSの普及が、その傾向に拍車をかけたことは疑いの余地がない。一方、意見表明と交換の回路が多様化したことでオピニオンの主体はさらに拡大し、政治に対する影響の与え方もオピニオン同士の相互作用も複雑になった。

このことは、一見デモクラシーを利するばかりのようにも思える。実際、「人間」として扱われる集団がマムルーク兵から国民全体に広がったことは、国民の負託を受けオピニオンに配慮する政府の決断に対し、これまでにないほどの正当性を与えることになった。そしてそれがさらに国民のオピニオンを集め、国民国家という政治単位の統一性を高めたのである。だが同時に、それは多様な立場と価値観の「人間」を内部に抱え込むことでもあり、意志の統一はかつてよりはるかに困難になったともいえる。物事には必ず両義性があり、どちらに転ぶかは必然的には決まらない。

コミュニケーション技術の進歩は、それまで国内で大きな運動を生むことが難しかった少数派に距離や国境を越えた連帯を可能にし、さまざまなマイノリティの声を可視化しつつある。地球環境にまつわる問題提起も、腰の重い国家や企業を飛び越えて一市民の発言や活動が直接世界中に伝わることで、大規模なオピニオン形成を実現している。

だが他方、ＳＮＳは情報源の多様化によってエコーチェンバー化しており、ある価値観を持つコミュニティに加わるとそれを強化する情報ばかりを与えられ、多角的な視野を失うことにもなっている。フェイクニュースや監視技術の発達による情報操作は、それを一部の人間の望む方向へと誘導し加速させようとする。結果、市民間の対話は絶望的になり、オピニオンは修復不能なまでに分断されてしまう。

このような分断が特定の分野のみで単発的に起きているなら影響は限定的だが、政治そのものが党派的になり、分断を恒常的に反映するようになれば、「人間」を「国民」に束ねて意志決定を担っていたデモクラシーという政治制度の正当性自体が揺らぐ。オピニオンの分断はデモクラシーの危機となりうる。

したがって、現在われわれが手にしているオピニオンという武器は、いまやわれわれにとって諸刃の剣ともいえる。声を上げることが連帯を生むか断絶を生むか、それによってデモクラシーの未来も政治の意味も大きく変わるような分岐点がここなのかもしれない。だがそうであればこそ、われわれがどちらを望むのかはこれまでになく重要になるだろう。理論の力が及ばず、必然的な帰結もみえず、両義性に引き裂かれているところでオピニオンは働く。ゆえにオピニオンには現実を動かす力が備わっているのであり、そこに賭けるシステムがデモクラシーなのである。

せっかくなので、もう一度チャーチルを引いておこう。デモクラシーを最低だが一番まし、と皮肉る時には誰やらを引用した体をとった彼が、自分の言葉では次のように語っているからだ。

彼〔一般市民〕は秘密が厳重に守られているなかで投票用紙を記入し、選ばれた代表者たちは一致してこの国にとって望ましい政権を――困難にあっては望ましい統治形態さえをも――決定するのだ。もしそれがデモクラシーであるなら、私はデモクラシーを敬い、デモクラシーを奉じ、デモクラシーに仕えよう。

第六章　国家の未来

――政治の死？　不死の人間？

1　オピニオンの歴史と歴史のアイロニー

われわれが今この手に握るもの

本書で綴ってきた、国家をめぐる言説の千年近い歴史をここでもう一度振り返ってみよう。

初めに死なくなったのは、王国と国王だった。自分とその子孫による支配を永続的なものにしようと望んだ中世の君主、そしてそれを支持する者たちが、宗教と法律の言葉を操って「死なない王」というフィクションを作り上げた。

しかし近代に入ると、宗教戦争がこのフィクションを裏返してしまう。「死なない王」を守るために国王の首を切ることさえ可能となり、分裂した国家のなかで同胞がはてしない殺し合いに巻き込まれていく。この悲惨な現実を目にして、ある思想家たちは国王だけではなく国民を死なせない理論が必要だと考えた。異論を怪物のように飲み込み、強大な権力で個々の生命に保障を与える「死なない国家」の誕生である。

だが再び、理論は現実によって反転させられた。国家が死なくなったのは理論上のことにすぎず、実際は他国との覇権争いに敗れれば国家が消滅する脅威が常に存在していたためだ。革命後のフランスは「死なない国家」が国民を守るのではなく、国民が国家を守らねばならないと訴え、二度の世界大戦ではそのために無数の人間が死んでいった。

そしてついに戦後、国家は名実ともに死ななくなる。「死なない王」を現実ならば殺すことができるから内乱や革命が起き、「死なない国家」が実際には滅亡してしまうかもしれないから戦争で守り抜かねばならない。ならば、国家が現実に死ななくなることで生き延びる命があるはずだ、と多くの人間が考えたからである。

本書はこの流れを、支配の正当性理論とオピニオンとの関係性という観点から読み解いてきた。「死なない王」も、ボダン・ホッブス・ボシュエの絶対主義的国家観も、そうした正当性理論である。理論がいくら清く正しく美しく出来上がっていても、オピニオンの支持がなければ現実には力を持ちえない。逆に、たいして清くも正しくも美しくもない支配が「まあ」「そういうもんだし」「だるい」「どっちでもいい」だけで存続してしまうこともある。理論が理論のみではうまく働かず、力を持ったかと思えば当初の狙いとはおよそ正反対の方向に暴走してしまうのは、歴史のアイロニーでありアンビヴァレンスである。

この逆転を引き起こす要因は一つではないにせよ、そこには常にオピニオンが働いている。人間がビュリダンのロバのように、等距離に置かれた飼葉桶と水桶のあいだで飢え死にも渇き死にもせず、必然的には決まらないオプションのなかで選択することができるのは、意志のなせるわざにほかならない。それは必ずしも合理的な選択ではなく、偶然や好き嫌いに左右されたりもするうえ、結構よく間違える。どちらにしようかな、と右の桶を選んだら腐った水を飲むことになって腹痛で死んでしまうが、その数分後に大雨が降って水たまりができ、もし元の場所にじっと立っていたら新鮮な水が飲めたかもしれなかったのに――というような残念な事態はいくらでも想定可能であり、かつ歴史にわんさか実例がある。

オピニオンは人間の意志の集合であり、したがって万能ではない。だが絶望的に無能なわけでもない。いくら待っても雨は降らないかもしれないし、多少腹を壊したとしても死なずにすむかもしれない。振り返って後からは何とでもいえるが、未来を正確に予測できる人間などいない。ただ、今手にしている道具を最大限活用して、望む結果のために努力することはできる。正当性理論を構想するのも人間なら、それを引っ繰り返すのも人間である。そしてどちらも、より良い未来を切り開こうとしてそうするのだ。国際連合と新秩序は天から降ってきたのではなく、人間が額を集めて相談することで、天才シュミットでさえ実現不可能だと思っていたものをつくり上げ、その後も多くの労苦と時間をかけて穴を埋めたり磨いたりしてきたのである。

もちろん、何度でも繰り返すが現状は理想とは程遠い。今のシステムによって救われた人間がいると同時に、そこから零れ落ち見捨てられる人びとも存在する。前章で述べたとおり、オピニオンを重視するということは、そこに含まれる個々の人間の意志と選択を――ひいてはその主体である人間存在そのものを尊重することである。オピニオンとして耳を傾けるに値する人間の範囲を近衛兵からだんだんと広げていき、普遍的人権という理念にもとづいて史上最大限に拡大したのが現在のデモクラシーである。

ならば現状において無視されている声は、絶えず拾い上げようと努力していかなければならない。かつて誰かがそう試みなければ、われわれの多くは今も皇帝から牛か馬と同じ扱いをされていたはずであり、これまでの積み重ねもこれからの挑戦も、すべてオピニオンなくしては成しえないのだ。より多くの人びとの意志を政治に反映させるためのデモクラシーとその器たる国家は、現時点で人間が手にしている最も有力な道具といってよい。問題は、その道具を使ってわれわれは何をすべきか、である。

オピニオンを操作する

人類が抱えている課題は山ほどある。宗教対立、地域紛争、人種差別、難民、貧困、パンデミック、そして地球環境。これらのうちどれか一つについてでも何らかの解決策を提示しようと思ったら、今から新しく本を一冊書いても収まらない。だが本書が未来について語る時に語りたいことは、そこではない。問題解決に用いるはずの道具にまつわる話なのだ。

端的にいうと、今この手のなかにあるオピニオンの力を決して手放してはならない、ということである。

前章の終わりで指摘したように、オピニオンもまた諸刃の剣だ。歴史を振り返っても、これを使いこなすのは誰にとっても容易ではなかった。さらに現代においては、テクノロジーの進歩がオピニオンをめぐる権力闘争に新たな地平を拓きつつある。インターネットとSNSの発達によって国境を越えた広い連帯が可能になった一方、同じ思想を持つ者同士で固まるため内輪だけでどんどん盛り上がってしまい、態度が先鋭化する。エコーチェンバーのなかで偏り熱くなった言葉は、反対意見にぶつかると罵倒や中傷に転ぶ。対話は合意を目指すものではなくなり、同胞であるはずの人びとを分断させていく。デモクラシーの要となる市民による意見表明と意見交換が、国家を分裂させデモクラシーを危機に陥らせているのだ。

そして、影響力を増して扱いづらくなったオピニオンを権力者が都合よく操ることも、テクノロジーは可能にした。ショシャナ・ズボフの『監視資本主義の時代』は、まさにこの問題を扱っている。無料で使えるSNSに何気ない日々の一コマを投稿し、面白いと思った動画や写真をシェアし、気に入ったものにLIKEを押しつつ不快な相手をブロックし、好きなアーティストがいればフォローする。手のひらと親指のあいだ、わずか六インチの画面で展開することの日常はすべてが貴重な——金になる——情報の宝庫である。

Google、Facebook に Twitter、Instagram、YouTube、TikTok を使う時、われわれはわれわれが何者であるかを企業に懇切丁寧に教えている。年齢、性別、住所、職業、それらを直接入力していなくても、趣味や関心の対象、好悪のスイッチ、思想や政治的信条などのデータが常に蓄積されユーザー個人に紐づけられていく。

「お金を払わなくても商品が手に入るとしたら」と、グーグルでデザイン開発に携わった経験から警鐘を鳴らすトリスタン・ハリスはいう。「それはほんとうに商品になっているのはあなたのほうだということなんです」。

こうして手に入れられた情報が個々人のオピニオンを操作し政治に利用されている実態は、近年次々と明らかになってきている。ターゲットを特定すれば、その人の好む動画や広告から最適なアプローチを探り、問題に関心を持たせたり失わせたりすることがある程度は可能なのだ。こうしたマイクロ・ターゲティングの手法は、二〇一六年のＥＵ離脱にまつわるイギリス国民投票やアメリカ大統領選において用いられたことがわかっており、後者はそこにロシアの関与があったことさえ証明されている。

これらの企業の中枢にいた人びとが倫理的な疑問を感じて去り、告発する動きもあるが、それでも企業もユーザーも容易には止まらない。情報のコントロールはすでに産業となって巨大な富を生んでおり、間違いなく便利であり、かつ危険で有害なことをしている自覚が双方にないからだ。

このようなプラットフォームは、何も初めから人間を商品化し、オピニオンを金持ちの権力者が操作できるようにしようと考えてつくられたわけではない。古い友達や家族と再会したり、趣味の合う人たちと存分に語り合ったり、埋もれている才能がより広い世界にパフォーマンスを披露したり、苦しんでいる誰かが密かに助けを求めたり、要するに人間の日常により多くの喜びと楽しみと救いをもたらすために生まれたのである。これもまた、良かれと思ってしたことが脅威を生むアイロニーでありアンビヴァレンスだ。人のなすことには、常に「意図せざる結果」に繋がる危険性がひそんでいる。

だが「監視資本主義の時代」は、なおオピニオンが必要とされる時代といえる。権力者が巨額の資金をそこにつぎ込むのは、オピニオンが力を持っているからにほかならない。人間の意志は軽視されているかもしれないが、いまだ無視されてはいない。本書が危惧するのは、さらなるテクノロジーの進化がいつかオピニオンを不要とする時代を招来するのではないか、ということである。

2　オピニオンが不要になる時代

「資源の呪い」

ここで未来について語ろうとするのは、ノストラダムスになりたいからではない。正直将来の予測というのは往々にして外れがちであり、もう少しこの点に関して人類の打率がよければ歴史のアイロニーも減っているはずである。だが何度も予測をしくじり歴史に裏切られてきたからこそ、最も深刻な事態の到来を「想定外」で済ませてはならないのだ。そして二一世紀の今、政治について考える者が警戒すべき最悪の想定の一つが、オピニオンを前提としない権力の誕生ではないだろうか。

これが一九九九年に結局空からやってこなかった恐怖の大王よりもはるかに現実味があるのは、地域と期間さえ限定すれば、すでに地球上に出現しているからである。

現時点で一部の国家にそれを可能にしたのは、豊富な天然資源である。経済学者のポール・コリエは、天然資源による収入と政治制度の民主化とが負の相関にあると指摘する。

コリエによれば、資源に恵まれた国ほどデモクラシーが機能不全に陥る「資源の呪い」ないし「天然資源の罠」の要因の一つは、莫大な外貨が獲得できるため国民から税を徴収する必要がなくなることにある。彼は国民が公金の使い道に関心を持たなくなる点に注目しているが、それは裏を返せば政府も国民から広いオピニオンを得る努力をしないことを意味する。いずれにしても、不正が横行し富は正しく分配されず、国民の大多数が貧困に苦しむまま放置されるのだ。

　政府が必要とする最低限のオピニオンは、一部の支持者にだけ得をさせ、敵対する人びとを抑圧することで獲得される。そして圧倒的な選挙結果を公表することによって、それ以外のオピニオンを沈黙させてしまう。

　九〇年代以降、権威主義的だった中東やアジア、アフリカにおいても多党制や普通選挙が次々と導入されていった。それは国際世論によって民主化を強いられたからであるが、投票を通じて政権が交代することはほとんどなかった。行われた選挙は自由でも公正でもなかったのである。権力の座から失墜すれば訴追や収監、亡命、場合によっては死の危険すらある政治家たちは、初めから不正をする前提で選挙を取り入れた。権威主義体制下では不正選挙は例外どころか規範であり、結果としてそうした国家においては九割の選挙が体制維持に繋がっていると、ニック・チーズマンおよびブライアン・クラースは指摘する。

　だが不正にはコストがかかる。票の買収なり暴力による抑圧なり、人を意のままに動かすには金と、知らぬふりを決め込むための隠れ蓑が必要となる。この構造を体現しているのがPMC（Private Military Company）、すなわち現代の傭兵である。冷戦終焉後に軍から放出された退役軍人たちが「軍事」に関わるビジネスを始め、それが現在まで世界中のあらゆる武力衝突の場でさまざまな活動を担っているのである。

戦争を避けるためにある意味手枷足枷《てかせあしかせ》をはめられている国家の正規軍に比べ、各段に自由に活動が行えるPMCの需要は九〇年代以降拡大する一方であり、李修京によればその市場は今や一〇〇〇億ドルを超えているという。天然資源——特に石油——がもたらす莫大な収入は、多額の賃金を払って彼ら軍事のプロフェッショナルを雇うことすら可能にする。国家の正規軍そのものが未熟で弱小でもかまわない。報酬さえ払えば、最新の武器と知識を備えた百戦錬磨の兵が望む仕事をし、なんなら新兵たちの訓練までやってくれるからだ。途中で問題を起こしたとしても責任を負うのは国家ではなく企業のほうであり、滞りなく任務が終了すれば後腐れなく関係を終わらせることができる。いいこと尽くしなのだ、抑圧される国民以外にとっては。

したがって資源に呪われた国においては、オピニオンではなく資源と金が権力をつくり出すことになる。多くの国ではオピニオンを政治に反映させるために行われる選挙制度が、こうした国々では最初からオピニオンを踏みにじるためのものとして導入される。だがこれは、天然資源に恵まれ呪われた一部の国だけの問題ではない。オピニオンを無視して成立する政治権力をほんとうにこの世に存在させるのは、国際社会の構造そのものにほかならない。そしてそれは同時に、国際連合が生まれ国家が死ななくなった時代に誰が見捨てられるのかを浮き彫りにする。そのことを、アンゴラを例にとってみてみよう。

アンゴラ内戦と国際社会

アフリカ南西部に位置するアンゴラは、かつてポルトガルの植民地だった。独立に向けた武装蜂起が始まったのは一九六一年であり、一九七五年にはポルトガルの支配を脱したが、その直後から内戦に突入してしまう。独立運動がもともと民族対立を反映して分裂していたことにくわえ、八〇年代に入り冷戦の代理戦争の舞台となったために、内戦はさらに深刻さを増し長期化した。九〇年に政権側がマルクス主義を放棄したことでイデオロギー対立は表舞台から消え、翌年には反政府勢力との停戦合意も成立した。だが九二年の総選挙で敗北した後者が再び内戦の口火を切り、結局武力衝突は二〇〇二年に反政府側のリーダーが戦闘中に死亡するまで続いた。

この内戦の期間中、政権側の資金源となっていたのが石油であり、彼らはその収入でEO(Executive Outcomes)というPMCと契約していた。一方、反政府勢力はダイヤモンド採掘と密輸で得た利益を軍備につぎ込んでおり、EOの軍事作戦は石油資源の独占とダイヤモンド鉱山の奪取を目的として展開された。それは敵の資金源を断つという意味で戦略的にも有効だったが、そもそもそれによって政府からEOに支払われる報酬を確保できるのだから、民間企業であるEOにとっては利潤追求の一環でもあった。したがって戦場は鉱山のある地方に集中したうえ、石油とダイヤモンドの価格変動がそのまま内戦の趨勢に反映される事態となった。

クリス・パッテンによれば、貧しい国が天然資源に恵まれていた場合、同じ条件で資源を持たない国に比べて内戦に陥る可能性が四倍も高まるという。まさにコリエが唱えるとおりの「資源の呪い」であり、内戦が続いた三〇年ものあいだ、アンゴラに暮らす貧しい人びとの暮らしはまったく顧みられなかった。八〇年代以降アンゴラの石油産出量は急上昇したが、その収入は大統領とその親族、そしてごく一部の支持者たちにかすめ取られてしまったのだ。NGOのヒューマン・ライツ・ウォッチは、九七年から内戦が終わる二〇〇二年までのあいだに四二億ドルが国庫から消え、一方で戦禍と貧困にあえぐ国民は病院にも学校にも通えないまま見捨てられていたと批判する。

EOが介入し始めた九三年と九四年の二年間には、一日あたり一〇〇〇人のアンゴラ人が命を落とし、最終的には関連死も含め五〇万人が犠牲になった。この数字は、それに先立つ一六年間の内戦の死者を優に超えるものであり、EOや武器商人といった戦争のプロフェッショナルたちが最新のテクノロジーにもとづく兵器で効率的に仕事をしたことで達成された。このグロテスクな事実は、主権国家が表立って手を染めることができなくなった「軍事」を、民間企業がビジネスとして請け負っている構造に目を向ければ、一層際立つだろう。

そしてこうした状況は、内戦が終結した後も大統領一家が失脚した後も、まだ劇的に改善されてはいない。GDPは石油のおかげで著しく伸びており、新大統領も改革の意志を示してはいるが、その先行きは依然として不透明である。ようやく西欧の先進国がアンゴラ政府に改善のための圧力をかけ始めたタイミングで、中国がその石油に手を伸ばしたからだ。コリエはそれによってアンゴラの国民が「資源の呪い」から逃れられなくなると危惧する。しかしパッテンはいう――「アメリカ人もヨーロッパ人も、この点についてあまり純真ぶらないほうがよい。今まさに中国が犯しているような過ちを、われわれは過去に犯してきたではないか――たいていの場合、さらにひどい過ちを」。

アンゴラは典型例ではあるが、一例にすぎない。そして内戦期にアンゴラで起きたことは、特殊アンゴラ的でもアフリカ的でもない。それはまず、植民地時代に民族分布とまるで関係ない宗主国同士の都合で不自然な国境線が引かれたことに起因し、続く冷戦期にはアメリカとソ連との代理戦争の駒にされ、その後は――取り扱う商品が石油であれダイヤモンドであれカラシニコフ銃であれ熟練兵であれ――先進国の市場原理との相乗効果でアンゴラは金を儲け、金を払い、血を流し、苦しんだ。すでに述べたとおり、国際社会の構造そのものによってもたらされた帰結であり、われわれは無関係なふりをして顔をそむけるべきではないのだ。

デモクラシーの危機

世界大戦の後、国家は死ななくなり、リヴァイアサンはかつてなく堅い鎧を手に入れた。先進国のほとんどの人間はその恩恵に与っている。だがその鎧は、国家の内部で殺され続ける人びとを守るには何の役にも立たなかった。一部の国においては、コリエのいう「資源の呪い」が通常の政治権力・正当性理論・オピニオンの関係を狂わせてしまう。チーズマンとクラースが端的に表現しているとおり、「デモクラシーと石油は水と油」なのだろう。そしてそれは、石油を買うわれわれもまた、彼らの生を尊重しなかったがゆえに引き起こされた事態にほかならない。

人類史を振り返れば、大衆が権力者によって虐げられることは何も目新しくはない。むしろ普遍的人権としてあらゆる人間を平等に尊重する思想のほうがよほど歴史が浅く、たかだかここ数百年のことにすぎない。だがわれわれは、今のところそれを「普遍的」な価値として掲げることを選択した世界に生きている。その二一世紀になってなお牛や馬のような扱いを受ける人びとがいることの意味は、古代ローマ皇帝が近衛兵に命じて農民の命を奪うことよりはるかに重大なのだ。それは、われわれに次のような事実を突きつける。

すなわち政治権力は、オピニオン調達を必要としない相手であれば、平気で踏みにじることができる。

デモクラシーがここまで発展してきたのは、国家が民衆の力を必要としたからである。権力はオピニオンを必要とし、その調達のために説得的な正当性理論が編まれ、なかでも最も多くのオピニオンを獲得できる理論として現在のデモクラシーがある。

しかしこの権力・正当性理論・オピニオンのトライアングルは、「資源の呪い」によって破壊される。税収に頼らないですむならば、人びとが貧困にあえいでいても、それゆえ政府に何の期待も信頼も抱いていなかったとしても、権力者が彼らのために悩む必然性はない。ほんの一部の支持者が満足していれば事足りるのだから、国家予算は公共サービスではなく恩顧と買収に費やされる。資源の取引先である国際社会のオピニオンが制度改革や民主化を迫ろうとも、もともと腐敗している国家ならばいくらでも抜け道はある。

そしてテクノロジーの進歩は、政権維持に必要なオピニオンの数をさらに減らしていく。少ない労働力でより大きな成果をもたらすことを可能にする技術革新は、軍事においては、少人数のプロフェッショナルが最新兵器を用いて大量虐殺を行う能力を意味する。

かつては力ない平民であっても一斉に蜂起したならば、近衛兵やマムルーク兵を怯ませることができた。民衆は数において圧倒的であり、かつ兵士たちの同胞であったからだ。鎮圧は不可能ではなかったが、物理的にも心理的にもコストが高かった。この点は現在の権威主義的な体制下の正規軍にも、ある程度あてはまる。

しかし、PMCにそれは通用しない。彼らの殺戮能力は数の力を簡単に凌駕する。しかもこのプロフェッショナルは、プロフェッショナルであるがゆえに外から金で買われてきたのであり、同胞ですらない。

ならばこの先、「資源の呪い」がいつしか「テクノロジーの呪い」となる時代が来るのではないか？　現状では天然資源を保有する国に限定されている事態が、テクノロジーの何らかの変化によって、世界規模に拡大されることもありうるのではないだろうか？

本書が未来について語る時に考えたいのは、この問いである。

3　人間を変えるテクノロジー

「生」と「死」の変容——政治の終焉？

普遍的人権が普遍的なオピニオンになっている世界で、生を尊重されず貧困に打ち捨てられている人びとがいる。これが不正義であることはいうまでもなく、声を上げられない彼らに代わって、国際社会に是正を訴え活動しているグループや個人も数多く存在する。そして、国連のシステムから零れ落ちて苦しんでいる人びとであればこそ、国連もまた彼らを救おうとさまざまな努力を重ね、模索を続けていることを忘れてはならない。

だが、もしこうしたオピニオンを不要とする政治権力が世界中で成立するとしたら——それは問題の性質を根本から変えることになるだろう。虐げられる人びとは不当な扱いから救済されるべき例外ではなくなる。彼らを例外とみなす普遍的人権の普遍性そのものが引っ繰り返され、それによって支えられるデモクラシーもまた足元から崩れ去るからだ。その時、政治が想定する「人間」は、おそらくわれわれが今知っている「人間」とは似ても似つかぬものになるのではないか。むしろ、われわれの知るかぎりの「政治」自体が消滅してしまうのかもしれない。

人間を人間たらしめているものは何か、などという大それた問いを持ち出すつもりは毛頭ない。ただ、あらゆる時代と文明と環境を通じて、すべての人間に共通する点を何も指摘できないわけではない。それは、「この世に生を享《う》けてしばらく生きた後、必ず死ぬ」ことである——そんなの人間に限らずミミズだってオケラだってアメンボだって生命体なら全部当てはまるだろうといわれればそのとおりなのだが、まさしく人間が生命体であることを前提として人間社会は成り立ってきた。集団に参加し、生活を営み、価値を生み出すことは生きているうちしかできない。死者の存在が意味を持つのも、その意味を受け取る生者がいてこそである。そして生まれ落ちた場所によってどれほど違う人生を送ってきたとしても、死はすべての人間に平等に訪れる。

第二章でみたように、教皇と皇帝そして国王のあいだで高度な権力争いが行われていた頃、ヨーロッパで流行した絵画のテーマがある。「死の舞踏」と名づけられたそれは、骸骨の姿で擬人化された「死」が、社会の最高位にある教皇や皇帝から最下層の乞食までを、一切区別せずに墓場へと導いていく様子を描いている（図13）。一五世紀にこれが流行《はや》った背景には、古代ギリシアからの「メメント・モリ」（死を覚えよ）の伝統にくわえて、百年戦争およびペストの蔓延によって多くの死がもたらされたことがあるといわれている。

興味深いのは、いずれの作例でも案内役の「死」はご機嫌に踊っているのに対し、連れ去られる人間のほうはいかにも気が進まない様子でいやいや引きずられている点である。基本的に、誰も死にたくなどないのだ。

図13　『死の舞踏』（1486年）――いかにも嫌そうに顔を歪める「教皇と皇帝」（上），「枢機卿と君主」（下）
出典：フランス国立図書館（https://gallica.bnf.fr/ark:/12148/btv1b8615802z/f11.item; https://gallica.bnf.fr/ark:/12148/btv1b8615802z/f12.item）

いくら富と権力を手に入れようとも、人間であるかぎり死を免れることはない。不老不死を願ったギルガメシュも始皇帝も、望みは果たせなかった。王であっても人は必ず死ぬ、だからこそ「死なない王」というフィクションが生まれたのである。そしてそれは王個人に着目すれば子孫の繁栄だが、後に遺される生者たちにとっては王朝の安定を、すなわち争いのなかで死ぬ人間の数が減らせることを意味する。

自然状態での横死を望まぬ人間が国家をつくった、とホッブスは訴えた。死にたくないのは王だけではない。王朝の安定、国家の安寧、世界の平和――「死なない王」から名実ともに「死なない国家」への移り変わりが、理不尽な死を何とか避けようとする人びとの努力と、それを支えるオピニオンによって導かれてきたことを、本書では示したつもりである。

人間の生には限りがあるが、人間として生まれた以上、すべての人が生きる権利を持つ。誕生と死のあいだをどう生きるかにかかわらず、その区切られた時間だけ人は人として存在し、そこに意味を見いだすからこそ、生命は普遍的人権の第一に挙げられる。

だがもし、この人間という存在にとっての輪郭線のような生と死に変化がもたらされるとしたら何が起きるだろう。究極的にいうならば、人が死ななくなった時、輪郭線を破られ形を無くして広がっていくそれを、われわれは同じ「人間」と呼ぶだろうか。人類が死ぬ人間と死なない人間とに分かたれたとしても、われわれは「普遍的人権」の意味を変えずにいられるだろうか。それを支えるオピニオンを持ち続けられるだろうか。

そもそもその時、オピニオンに耳を傾けて「政治」をする者がまだいるだろうか。

生命をデザインする――ゲノム編集

ではどのようなテクノロジーの革新がそうした未来を引き起こしうるのか。それを予測しようという無謀な計画は本書に含まれていない。だが、歴史のアイロニーやアンビヴァレンスに目を向ける視座から考えるならば、その変化はおそらく最初から不吉な様子で現れはしない。人を繋げるはずのSNSが時に人を分断させてしまうように、良かれと思って始めたためにリスクに気がつかず、意図せざる帰結を生んだ時には簡単には立ち止まれなくなっている――という可能性は非常に高い。

人が死ぬ理由を一つ一つなくしていくこと自体は、喜ばしいといえるだろう。それは医療現場で日々達成されていることであり、また比較すれば即効性にもわかりやすさにも欠けるかもしれないが、哲学や思想のような手段を通じても実現されてきた。特定の困難と格闘し克服することへの欲求は、人類の歴史の一部である。だがバイオテクノロジーの発展は、その戦場をまったく異なる次元に移し替える可能性を孕んでいる。そしてそれは新たな議論の地平をも拓く。はたして種痘で天然痘に打ち勝つことと、遺伝子操作によって疾病のリスクから解放された人間を生み出すことは同じだろうか？

現時点では、この問いに同じだと答える医学者は少数に留まっている。中国でＨＩＶに対する耐性を与えられた双子の誕生が発表された時、世界中の医学会が反対する声明を出した。この発表を行った研究者は中国当局によって三年の実刑判決を受けたし、彼が行ったような生殖細胞系編集――つまり遺伝子編集の結果が子孫に受け継がれるタイプの操作――は四〇以上の国において法律で禁止されている。これは一線を越えている、というのが現在の国際的なオピニオンであるといえよう。しかしこの線引きは、一体誰がいつ、どういった根拠にもとづき、どのような権限で行ったものなのか。もしゲノム編集によって健康な子どもが生まれるようになるとしたら、それは予防接種でおたふくかぜを防ぐのと、どこがどれほど違うのだろうか。

二〇二〇年のノーベル化学賞は、このゲノム編集の効率を飛躍的に向上させたとされる二人の研究者に贈られた。ここには、あらゆる生命を人間にとってより有益なものへとデザインし直す可能性が宿っている。イネは病気に強くなり、トマトの栄養素は増え、ジャガイモの毒素が消える。タイもサケもブタも肉厚になる。ホルスタインは角が生えなくなる。食糧がより安価に大量に、かつ安全に生産されるようになれば、貧困と栄養不良を解消する助けになる。住血胞子虫を寄生させない蚊を増やせたなら、マラリアによる死者を減らせる。そして編集されるのは蚊や食糧だけではない。人体も対象となれば、これまでは根治不能だった遺伝性の疾患や癌などにも治療の可能性が出てくる。すでに、病気を引き起こしている遺伝子を体外に取り出してから、異常を修正してまた戻すことで劇的に症状を改善した臨床例は存在する。

もしこれが抵抗なく認められるのであれば、今疾患に苦しむ人を救うのと、これから生まれる赤ちゃんが病気で苦しまないようにするのと、一体何が違うのだろう。誕生前の生命に手を触れるのがタブーだというのなら、自然には授かるのが難しい子どもを体外受精によって産むことは、なぜこれほど広く受け入れられつつあるのだろう。子どもが欲しいという願い、健康な子どもが欲しいという願い、美しく賢い子どもが欲しいという願い――どこまでが認められ、どこから許されなくなるのか。

今日タブーとされたものが、明日も禁じられている保証はない。人びとのオピニオンが技術の使い道を限定することもあるだろうが、技術の使われ方がオピニオンを変えることもありうるからだ。

二〇一八年、日本国内では一六人に一人が体外受精から生まれたという。世界に目を広げれば、そうして生を享けた子どもの数はすでに八〇〇万以上を数える。一九七八年に最初に生まれた子が「試験管ベビー」と呼ばれた時のSFじみた響きに比べると、「特定不妊治療」という言葉ははるかにわれわれの社会に馴染んでいる。それは、体外受精によって生まれた子もそうでない子も何も変わりはない、とわれわれが考えるようになったことを意味する。この変化はART(補助的生殖技術)に対する無知を克服しただけともいえようが、あるいはデザイナーベビーが当たり前になった未来の人間も今のわれわれを無知と笑うのかもしれない。技術的に可能なことを倫理的に禁じたいならば、よほど広範で堅固なオピニオンが必要となる。

そして人間の遺伝子操作にまつわるテクノロジーについてもう一つ懸念するなら、たいていの場合それが高額であることだろう。もしそれがあらゆる技術的・科学的・医学的問題点を克服し、安全性を証明し、広くコンセンサスを得ることになって実用化されたとしても、その高い医療費を払える人間しか恩恵に与れない可能性は高い。不治の病を治すこと、子どもを産むこと、しかもより強く賢く美しい子どもを産むことが経済的な条件によって左右される社会になれば――今も十分そうした側面はあるわけだが、よりその傾向が強くなったならば――格差は拡大されこそすれ、解消されることは決してない。

死を克服する――トランスヒューマニズム

リスクを一つ一つ克服しながら健康に長生きしたい、という望みは多くの人に共通するが、「そもそも死なない人間になりたい」と考える者も一定数いる。それが科学技術の進歩によって達成可能だと主張した人物もおり、たとえば一八世紀にはニコラ・ド・コンドルセが次のように述べている。

事実、われわれが未来へと進むにつれて平均寿命は絶え間なく延びていくに違いない。その寿命の延び方は、無限の長さへと絶えず近づいていくけれども決してそこには到達できない場合と、もともと限界として定められていた範囲を超える長さへと悠久の時をかけてたどり着く場合と、二つのうちどちらかの法則に従うことになるだろう。後者であれば、手前で踏みとどまるべき限界がないのだから、寿命の延びは語の全き意味においてほんとうの無限となる。

この時のコンドルセが、政敵ロベスピエールによって断頭台に送られる危険に脅かされていたこと、実際に右の一節を記してから間もなく逮捕され獄死したことを考えると、この予測は驚くほどに楽観的だ。人間の理性が思いもよらない未来を切り拓くことは、彼にとって恐怖と絶望のなかでも揺るがぬ信念だったということになる。

だが科学技術というなら、中国の煉丹術《れんたん》も西洋の錬金術が科学であったのと大体同じ意味において当時の科学である。調合された仙薬の効用を信じて水銀などの毒物を呷《あお》った皇帝が、かえって寿命を縮めたこともあったと伝わる。そのうえ研究の途上で火薬が生まれたという副産物のおかげで、明らかに死ななくなった人間より殺した人間のほうが多くなってしまった。それに比べたら一八世紀の科学は各段に進歩していたにせよ、コンドルセが命を賭けるに足ると信じた人間理性をもってしても、不老不死は人類にとってずっと夢物語だった。

しかし二一世紀になって、この夢に現実性が増しつつある——あるいは真面目にそう考える人間が増えている。しかもそれは現代で最も高度な教育を受け、社会的成功の度合いから類推するに、おそらく実際に優れた頭脳を持っているだろう人びとなのである。アマゾンのCEOもオラクルの創始者もグーグルの創始者も、こぞってアンチエイジング研究に資金をつぎ込んでいる。二〇一三年にグーグルが設立した子会社キャリコは「死を解決すること」を使命として掲げ、唯一の老化しない哺乳類としてハダカデバネズミを熱心に調べている。グーグルで投資部門の責任者を務めていたビル・マリスは「人間は五〇〇年生きられるようになる」と語り、ペイパルの創始者であるピーター・ティールは、来るべき復活の日に備えて自分の体を死後に冷凍保存する契約も済ませている。

人間が死を克服する時代が来るまで遺体を保存しておきたいと願う人には、今のところ四つほど選択肢がある。アメリカに三つ、ロシアに一つ、それを請け負う会社があるからだ。ティールが契約しているのはアメリカのアルコー延命財団であり、財団はさらに二つのプランを提示してくれている。すなわち、二〇万ドルで全身を保存するか八万ドルで脳だけにしておくか、である。地獄の沙汰も金次第——という慣用句が思わず頭をよぎるが、科学とおとぎ話との距離が今までになく縮みつつある現在、「そうしていつまでも幸せに暮らしましたとさ」を現実にしようという試みは、最先端の巨大なビジネスとなっているのだ。そして未来に投資しているのかご利益のある壺を売りつけられているのかは、もしかすると売っているほうにすらわからない。

人間にとって不可避の運命だった老化と死を、科学技術の力で乗り越える——いうなれば人間をテクノロジーによって自発的に進化させようとする考え方をトランスヒューマニズムと呼ぶ。その方法にはゲノム編集や幹細胞治療によって人体そのものの延命を目指すものもあれば、部分にせよ全体にせよ、人工物によって人体を代替することを考えるものもある。最も極端なのは、脳のニューロン情報をソフトウェアにアップロードして永遠の生を実現しようとするものだろう。それをなお「生」と呼べるのであればだが。

もし人が人を超えてしまうのなら、その新たな「種」のあり方は今のわれわれの判断力の範疇にはない。困難を克服するために、自らの精神と身体を望みどおりに改変する能力を手に入れた未来の人類を、歴史学者ユヴァル・ノア・ハラリは「ホモ・デウス」と名づけた。

生物工学は、自然選択が魔法のような手際を発揮するのを辛抱強く待っていたりはしない。そうする代わりに、生物工学者は古いサピエンスの体に手を加え、意図的に遺伝子コードを書き換え、脳の回路を配線し直し、生化学的バランスを変え、完全に新しい手足を生えさせることすらするだろう。彼らはそれによって新しい神々〔ホモ・デウス〕を生み出す。そのような神々は、私たちがホモ・エレクトスと違うのと同じくらい、私たちサピエンスとは違っているかもしれない。

興味深いのは、現実のトランスヒューマニストの多くがこうした未来をユートピアとして待ち望んでいるのに対し、SFの世界ではディストピアに描かれがちな点である。『ニューロマンサー』『ブレードランナー』『トロン』『マトリックス』『攻殻機動隊』といったサイバーパンクでおなじみの荒廃した世界観、科学者の脳をアップロードされたAIが暴走する『トランセンデンス』、少し変わったところではミシェル・ウェルベックの『素粒子』や、カズオ・イシグロの『わたしを離さないで』といった例もある。

われわれが未知の領域に踏み込む不安をエンターテインメントとして消費するかたわらで、現実がそこに突入しようとしている。正確には一部の人びとが現実を加速させているのであり、彼らが無邪気にそうするのは、到来する未来が人類に恩恵をもたらすと信じているからだ。もちろん彼ら自身が最初にその恩恵に与るだろう――その後、はたして巨額の資金を投じて開発された技術は人類全体に公平に行き渡るだろうか？　おそらくそうはならない、すぐには。これだけ豊かになった世界に、なお極度の貧困に苦しむ「ボトム・ビリオン」が存在している現状では、人間の優しさにそれほどの幻想は抱いていられない。

ハラリは、最も楽観的な予測が当たれば、すでにわれわれの隣を不死の人間が歩いているかもしれないと指摘して、こう皮肉っぽくつけくわえる。「少なくとも、あなたが歩いている通りが、たまたまウォール街か五番街であれば」。そして彼らがホモ・デウスとなったあかつきには、われわれの多くはウォール街を歩くネアンデルタール人のように場違いな存在となるのである。

「死なない人間」と「要らない人間」――AI、ドローン、『ロボット』

いつの世も人が死ぬからこそ、「死なない王」「死なない国家」というフィクションが生まれてきた。だがもしかしたら、とうとう「死なない人間」がこの世界に登場するかもしれない。人間にとって、王も乞食もひっくるめた唯一の平等な条件である死が取り払われることになるのだ。

だがその不老不死は、天からの恵みとして雨のように大地に降り注ぐのではない。どこかの研究所の原子間力顕微鏡の針の先で生まれ、たいていの人間には何が起こっているか理解もできない。そして研究所を建てるのに大金を費やした誰かは、仙薬をできるかぎり高く売ろうとするだろう。人間は、その額を払える者と払えない者とに分かれる。ここで起こる分断は、S

NSでオピニオンが割れるどころの騒ぎではない。人類という種そのものが二つに分裂するのだ。

もちろんそう決めてかかる必要はない。もしかしたらシリコンバレーには信じられないくらいの善人が住んでいるかもしれないし、そもそも不死が実現しない可能性だって相当に高い。しかし本書で何度も述べているように、歴史にはアイロニーがつきものであり、善意の行動は時に意図せざる悲劇を引き起こしてしまう。歴史を学ぶことの意味は、そうした人間の能力の限界とアンビヴァレンスを知って、可能なかぎり「想定外」の事態の訪れを回避することにある。そして本書が「死なない人間」の生まれる未来に示す最大の危惧が、この分断なのである。

そのうえテクノロジーの進歩は、さらに別の仕方でもこの分断の可能性を広げかねない。疲れも恐れも知らず、圧倒的な作業効率で人間を労働から解放してくれるとうわさのAIやドローンが、われわれの手を必要としない社会を築くとしたら——われわれを待っているのは、一年中ヴァカンスが続き毎日プールサイドで夕陽が見られるユートピアだろうか?

人間のように動く機械の発明は、不老不死と同じく長年の人類の夢である。コンドルセが人間の永遠の生を予言した一八世紀ヨーロッパは、オートマタ(自動人形)ブームに沸いていた。ジャック・ド・ヴォーカンソンの最高傑作「消化するアヒル」は機械仕掛けのアヒルが鳴き、羽ばたき、水を飲み、餌を食べ、かつ排泄するというものだった。ヴォーカンソンは玩具職人ではない。王立科学アカデミーにも選出されたエンジニアである(彼の考案したパンチカード式織機は、後に改良を経てジャカード織に採用され、さらにコンピュータの原型にもなった)。

同じ頃マリア・テレジアが治めるオーストリアの宮廷では、ヴォルフガング・フォン・ケンペレンの披露したチェス人形の「トルコ人」が話題をさらっていた。宝石のついたターバンなどオリエンタリズム全開のヴィジュアルをそなえた東洋人の人形が、自動でチェスを指し宮廷の王侯貴族たちを次々に倒していくのだ。「トルコ人」はヨーロッパやアメリカにツアーに出るほどの人気を博し、八〇年以上も断続的に活動し続けた。「トルコ人」に打ち負かされた著名人のなかには、ベンジャミン・フランクリンもナポレオンもいる。

もちろん、「消化するアヒル」はあらかじめ内部に準備されているものをそれらしく出しているだけで餌を消化していたわけではないし、「トルコ人」の内部にはチェスの名手が隠れていた。後者に取り付けられた歯車はすべて見せかけで、それはどちらかといえば機械というより手品に近い代物だった。作者ケンペレンは自身が尊敬するヴォーカンソン同様れっきとしたエンジニアであり、彼が周りの熱狂に反して「トルコ人」をお蔵入りさせたがったのは、それが自分の最高傑作には値しないことを知っていたからである(彼がほんとうに力を傾注したのは今日でいう実験音声学であり、その研究は青年グラハム・ベルに霊感を与え電話の発明に繫がった)。

だが、当時の人びとも「まさかそんな」と思いつつ、人間の作った機械が生き物さながらに動く様子に魅了されていたのだ。彼らの感じた面白さは、法話を授ける「アンドロイド観音」や読経する「ペッパー導師」のニュースを読んだ時に、現代のわれわれが覚える感興とちょっと似ているかもしれない。

だが、生体のように動く機械が必ずしもその生体の外見をなぞっている必要はない。アンドロイドへの憧れが「人型」であることにこだわるのに対し、特定の場で人間が担っている特定の作業を肩代わりすることに集中して開発されるテクノロジーもある。車の自動運転やドローンによる配達、介護ロボット、災害対応ロボットなどだ。このうち自動運転以外はすでに実用化が始まっており、コンピュータ制御の運転機能も人間の補助程度の役割としてはすでに導入されている。ＡＩやスーパーコンピュータの進歩がこのまま続けば、こうした労働の主力はいずれ機械に移っていくだろう。時間はかかるかもしれないが、おそらく時間の問題でしかない。

それはわれわれの多くが「要らない人間」(useless people)になることを意味する――と、ハラリは警告する。もちろん機械化が進むことにもメリットはある。配達はより早く、介護者の体の負担はより軽くなる。ロボットならば、水中にも瓦礫の山にも地雷原にも原子炉建屋内にもためらわず踏み込んでいける。人間がリスクを負いながらこなしていた仕事、そもそも人間には不可能な仕事をロボットが代わりにしてくれるならば、その意義は大きい。

だがロボットの進出がそこで止まる保証はない。今この世に存在する仕事のなかで、人間が未来永劫AIに勝るものがいくつあるだろう？　口が堅くて閉所恐怖症ではないチェスの名手を探してこなくても、IBMのディィープ・ブルーはチェスの世界チャンピオンに勝った。二〇一〇年代以降、将棋も囲碁もコンピュータの棋力は人間を上回り始めている。

演算よりも創造性がものをいう芸術ならば人間の出番だと思うだろうか？　しかし「何が人びとに好まれるか」は、インターネットを介して集められたビッグデータをスーパーコンピュータで解析すれば知ることができる。ダーラム大学のニック・コリンズが開発した「アンドロイド・ロイド・ウェバー」は人間の助けを借りつつミュージカルを作曲し、その作品『ビヨンド・ザ・フェンス』は二〇一六年にウエストエンドで上演された。カリフォルニア大学音楽学教授のデイヴィッド・コープが作成したコンピュータプログラムEMIは、バッハよりもバッハらしい音楽を一日に五〇〇〇曲も生み出すことができるし、彼の新作アニーは俳句も作れる。出来上がった作品に予備知識なしに触れて、機械によるものだと判断するのは相当に困難だ。曲を絶賛した人も種明かしをされると不機嫌になったというが、モーツァルトとて霊感だけで曲を作っていたわけではない。自分以上に楽曲を研究した者はいないと彼は豪語していたのであり、だとすれば天才の脳内で起きていることとコンピュータ内部の演算の違いはどこにあるのだろう？

そして、あらゆる分野において天才をも超越する仕事をＡＩがこなしてしまうようになれば、われわれふつうの人間の出る幕があるとは思えない。一部のエリートが「死なない人間」になる未来は、同時に人類の大部分が「要らない人間」になる未来かもしれないのだ。もしそうなったなら、エリートは自分たち以外の人間のオピニオンを気にするだろうか。その可能性にあまり期待できないことは、アンゴラの例ですでにみた。権力は、必要でない人間のオピニオンをたやすく切り捨てることができる。

これまで、人間社会は必ず大衆による労働力を必要としてきた。畑を耕し、物を作り、売ったり買ったりし、共同体が危機に陥れば命を賭して守ったり、戦ったりする大勢の人間がいなければ成り立たなかった。だがテクノロジーの進歩はこの大前提を史上初めて書きかえるかもしれない。

役立たずと切り捨てられ、最低限の生活すら保障されなくなった人びとがどれだけ声を上げようとも、必要な物資が生産され消費されるサイクルが成立していれば、その内部にいる人間の生活には何の影響もない。あるいはオスカー・ワイルドが『幸福な王子』で描いたように、高い外壁で貧しい人びとを視界から消してしまえば心も痛まないだろう。あまりに外が騒がしいようならドローンで爆撃すればいい。ナチスはユダヤ人をガス室に送るのにゾンダーコマンドと名づけた同胞ユダヤ人を使ったが、それはドイツ人が自ら手を下すにはあまりに惨い作業だと思ったからだ。ユダヤ人にやらせておけば、ドイツ兵が良心の呵責に苛まれることはない。しかしゾンダーコマンドたちは強制収容所の出来事を必死に書き留めて後世に伝えようとしたし、最後には命も顧みず反旗を翻した。その点ドローンは心配いらない。スイッチを入れて飛ばしておけば、外はそのうち静かになる。

「良かれと思って」――進歩と破滅

労働を代替する機械の登場は、はたして社会をユートピアに導くのか、ディストピアに変えるのか。その答えはまだ決まっていない。科学者も投資家も良かれと思ってテクノロジーの開発にいそしむのだが、それが時に悲劇に繋がることをわれわれは知っている。

核分裂の研究は原子炉と核爆弾を生んだ。原子炉は火力発電よりクリーンにエネルギーを作れるが、ひとたび事故を起こせば人間はもちろん地球環境にも長年にわたる深刻な被害をもたらす。災害対応ロボットの技術は、自律型致死兵器システム（LAWS: Lethal Autonomous Weapons Systems）にも転用可能かもしれない。DARPAロボティクス・チャレンジは、アメリカの国防高等研究計画局（DARPA）が多額の賞金を掲げて実施した災害対応ロボットの国際コンテストだが、二〇一五年に優勝した韓国の大学が軍事企業と提携を結んだことは、世界中のAI研究者たちから非難された。彼らは、優れたロボット技術が国連の警戒するLAWS

――通称キラー・ロボット――に使われることを恐れて、次のような声明を発表した。

開発されてしまえば、自律型兵器は戦争に第三の革命を起こすでしょう。戦争はこれまでにない速さと規模で戦われるようになります。テロにも使われます。独裁者やテロリストたちは、いかなる道徳的抑制をもかなぐり捨てて、この武器を無辜《むこ》の人びとに向けるかもしれません。これは一度開けたら蓋を閉めることの難しい、パンドラの箱なのです。

まったく人の手を介さずにターゲットを選定し攻撃するキラー・ロボットの危険性と倫理的な問題点は、すでに二〇一三年には国際的な議論の的になっていた。LAWSの禁止を訴えた二〇一五年のオープンレターには、一〇〇〇人を超えるAI研究者とともにイーロン・マスクやスティーヴン・ホーキング、ノーム・チョムスキーらが名を連ねた。国連は二〇一四年から総会や特定通常兵器使用禁止制限条約の場で継続的に討議を重ねている。だがAI兵器の開発に力を注ぐイギリス、アメリカ、ロシア、イスラエルなどの強固な反対にあい、いまだに法的拘束力のある有効な対策が取れずにいる。そして国際社会が手をこまねいているあいだに、人間がオペレーションを監視するという条件下で、自律的に動く兵器はすでに実戦に投入されてしまった。AIの選んだ標的に突入して自爆するタイプの無人機が海外で俗に「カミカゼ・ドローン」と呼ばれているのを知ると、日本人としては何と言っていいやら言葉に詰まるものがある。そこにパイロットがいないことは、はたして人類の進歩なのだろうか？

何度でも繰り返すが、テクノロジーには両義性がある。人類を救う可能性も、破滅させる可能性もある。たとえば二〇一五年にマスクやホーキングと並んでＡＩの危険性について警告していたビル・ゲイツは、二〇二〇年には遺伝子編集とＡＩにはコロナ禍に見舞われた人類を救う可能性があるとも発言している。前述のマラリア原虫を媒介しない蚊の研究に出資しているのも彼だが、これは矛盾ではない。実際テクノロジーにはどちらも可能だからだ。同様に、戦場をロボットが徘徊するようになれば、それだけ危険な任務で命を落とす兵士の数は減るともいえるだろう。だがそうして、労働者としても兵隊としても人間のいらない世界が到来した時、デモクラシーに何が起こるのかは誰にもわからない。

カレル・チャペックの『ロボット』は、こうしたテクノロジーの両義性と人間のアイロニーを一九二〇年の時点ですでに鮮やかに描き出していた。一〇〇年も前に発表され「ロボット」という語を生んだ記念碑的作品だが、今のわれわれが読んでこそ実感できる恐ろしさがここにはある。

「ロボット」は賦役を意味するチェコ語「ロボータ」に由来する造語であり、今ならバイオノイドに分類される作中の人造人間たちを指す。彼らは機械ではないが感情を持たず、したがって不平不満もなく労働に従事することで、人類を賦役から解放するものとして生み出された。人間のために「良かれと思って」発明されたのである。だがその自由と引き換えに、いつの間にか人類は生殖能力を失ってしまう。そしてある登場人物が「良かれと思って」彼らに感情を持たせたことでロボットは反乱を起こし、「良かれと思って」その人工生命の生成法を記した書類を処分してしまったことでロボットとの取引材料を失い、人類は滅亡する。ただ一人生き残ることを許されたのは、手を動かすことでロボットたちの仲間と判断された――つまりいまだ労働に従事していた建築士だけだった。

しかしロボットたちの未来もまた明るくはない。人工とはいえ、生命体でありながら生殖能力も生成法の知識も持たない彼らは、結局滅びゆくほかないからだ。老いた建築士はロボット生成の秘密を再発見するよう期待されるが、うまくいかない。最後に彼は、お互いのために命を捧げるほどの無償の愛を持つロボットのつがいに出会い、彼らを新たなアダムとイブになれと願いつつ荒野へと送り出す。全能とは程遠いまま、人類の生き残りが神の役割を果たし、ほんのわずかな希望を灯して『ロボット』は終わる。

傲慢になった人間が、自ら生み出した人工の知能や生命体に反旗を翻される展開はSFの王道である。なんなら『ロボット』どころか、一九世紀のメアリー・シェリー『フランケンシュタイン』まで遡ることもできる。『ターミネーター』はいまだに新作が出る人気シリーズだ。

だがこのスリルをフィクションのなかで楽しんでいるせいで、現実に潜むリスクを見落とすわけにはいかない。夢物語や遠い未来として空想されていた世界は加速度的に近づきつつあるが、LAWSの正式な定義さえ決められないわれわれには、その準備も覚悟もまだ整っていない。

テクノロジーによって神のような力を手に入れて、人間の生死に人間が介入する。戦場では人間を超える判断力を与えられたロボットが、人間の知らぬまに人間の命を奪う。もしこれほどまでに人間の在り様と死生観が変わってしまったら、人間の生を最も重要な価値として築かれた現在のデモクラシーは成り立つのだろうか？　その時一体誰がわれわれのオピニオンに耳を傾けてくれるのだろうか？

レトリカル・クエスチョンはやめよう。何の準備もないままそんな未来に突入すれば、よほど運が良くないかぎり、オピニオンは無視されデモクラシーは崩壊する。もちろん予測が外れてユートピアが訪れ、本章の後半が根暗な夫婦の書いた根暗な予測で終わるなら万々歳である。だがここにいくらかなりと現実味があると思い、そんな未来はまっぴらごめんだ、ディストピアだと嘆くのであれば、われわれがまだ声を持っているうちに、今この時に、考えるべきことを考えて言葉にしておかなくてはならない。

結

すべて世は舞台――All the world's a stage

ウィリアム・シェイクスピアは喜劇『お気に召すまま』で、人間の一生を役者が「限られた出番のうちにいくつもの役をこなす」芝居にたとえた。人は無力な赤子として生まれ落ち、一時は力を蓄えても、年老いてまたそれを手放すことになる。

この摩訶不思議な七変化の仕上げとなるは
赤子返りと全き忘却
歯も無くし、眼の光も失い、好きも嫌いも忘れ去り、何もかもが消え失せる

すべての人間の生の前後には、照明の当たらない暗闇が広がっている。かつてはこの闇にちゃんとした名前が与えられていた。人は皆どこから来てどこへ行くのか、誰も見通せないはずの闇に意味を与え、語ってくれる者たちがいたからである。人間の生は多様だが、生まれてき

た意味と死んでいく理由はそれを蔽う普遍的な物語として示され、多くの人びとによって信じられていた。こうした物語を表すのに、社会学には「聖なる天蓋《てんがい》」という用語がある。古代ギリシアのさまざまなコスモス論もキリスト教的世界観も、聖なる天蓋である。

だが近代化とともにこの天蓋は徐々に薄く擦り切れ、穴が空き、ほとんど役目を果たさなくなってしまった。日本の文脈においては、第二次大戦終結によって「国家という全体性による死の意味づけ」が失効したことを市野川容孝が指摘している。祖国のために死ぬことが称揚された結果として大量死がもたらされ、この「死にがい」について語ることはタブーとなった。第一章で触れた現在の「死にがいのないナショナリズム」も、天蓋が消えてしまったことと無関係ではないだろう。

そして生と死の普遍的な意味の消失は、われわれが連帯することをひどく困難にしている。アンソニー・ギデンズは、近代化の徹底によって血縁や社会的責務、伝統的義務といった何の努力もせずに人間同士を結びつけていた力が失われ、人びとは「純粋な関係性」において自力で信頼とコミットメントを築かなければならなくなったという。純粋な、というのは打算や下心がないという意味ではなく、宗教なり伝統なりといった当事者同士の関係性以外の価値基準が、外から影響を与えて人びとを結びつけることを止めてしまった状況を指す。最終的には人間を関係づけるものが主観的な信頼(ないしコミットメント)のみとなり、関係を続けるためにはお互いに努力して信頼を維持しなくてはならない。片方がしくじればそこで終わりである。個人と個人の結びつきにおいてもかなりの労力がいるシチュエーションだと思うが、もしこれを共同体やら人類やらに広げるとなったら、もはや人間業ではない。

それに対し、ウルリッヒ・ベックは人類の新たな絆を築きうるものとして、皆が共有するリスクの存在を挙げている――「神、階級、ネーション、そして政府への信頼と信仰が著しく衰退した時代においては、人類に共通する脅威こそ、新しい絆を生みだすための最後の一手であることが明らかになった」。

だが二〇一九年末から新型コロナウイルスが引き起こしたパンデミックでは、ヨーロッパなどで国を超えた連帯の動きもあった一方、ウイルスの存在自体を否定する陰謀論もまた世界的広がりを見せた。国家によっては、権力の中枢にさえウイルスの脅威を否定する人間がいた。ただし、陰謀論を信じる人にとっては、新型コロナウイルスを前提とする言説そのものが彼らの自由と生活を脅かすリスクなのだから、彼らもまた確かにその共有によって連帯していたといえる。ならばこれほどのパンデミックでさえ、すんなりとは人類の普遍的な課題になりえないことを真剣に受け止める必要があるだろう。環境問題にせよ兵器開発にせよ、何が人類にとってのリスクかを全会一致で採択するのは容易ではない。

そのうえ一部の人びとは、人間にとって最大のリスクである「死」さえ克服される時代が近いと考えている。そうなれば、数十万年続いてきた人類史はおそらくまったく未知のフェーズに突入する。かつてアーネスト・ベッカーは、『死の拒絶』のなかで次のように述べた。

死は人間活動の推進力である――それというのも、人間の活動の主たる仕組みは、死という宿命を避け、何らかの方法で死が人間の最後の運命だということを否認して死を克服することにあるからだ。

もしこれが正しければ、「死なない人間」はもはやその推進力を持たないことになる。死という有機体ゆえの「被造物性」を克服した神のごときホモ・デウスが、永遠の生のあいだに何を考え何を求め、どう生きていくのか――残念ながらホモ・サピエンスの脳ではどれだけ考えても皆目見当がつかない。一つ強く予感するのは、もし人類が不死の者とそうでない者とに分かれてしまったら、人間の生がどうあるべきかについての会話が絶望的に成り立たなくなるだろう、ということである。

デモクラシーは、対話と討議を前提とする。参加する人間のオピニオンが多様であること自体は、議論を豊かにするとしてプラスに考えられてきた。だがそれは、自らの限界を意識しながら他者の言葉を尊重し、傾聴し、多数派は討議の結果しりぞけられた少数派にも配慮しながら最終決定を下す、という最低限のルールが共有されていてこそだ。議員たちが国民全体のために尽くしているという自覚を持たず、異なる意見を殲滅《せんめつ》するつもりでディスカッションするとしたら、時代はロベスピエールの恐怖政治に逆戻りである。イギリスの議会が向かい合う与党席と野党席のあいだに「剣の届かない距離」を取っているというのは有名な話だが、なにせあれは数行とはいえ一二一五年のマグナカルタが現役で効力を持ち、一六四二年にチャールズ一世が議会に兵士を連れて踏み込んだせいで、いまだに国王が下院に立ち入れない国である。歴史が力を持つのは、人間が同じ過ちを繰り返している時ではなく、繰り返さないよう過去を記憶している時なのだ。

現在、デモクラシーは深刻な危機に瀕しているといわれる。第五章や第六章で触れたように、インターネットは人びとを繫げもするが、敵対心を煽り立て分断を深めることもある。さらには情報をコントロールすることでオピニオン自体の操作さえも可能にしてしまった。有史以来これほどデモクラシーが地球規模に拡大されたことはなく、イデオロギーとしては一人勝ちともいえるような状況にあるのに、まさにその時にデモクラシーは機能不全に陥ろうとしている。デモクラシーが決して完璧な制度ではなく、参加する者たちが相当努力してはじめて機能するものであることが——意図的にせよそうでないにせよ——忘れ去られようとしている。メンテナンスを怠れば、部品の多い複雑な機械ほど壊れやすい。しかしデモクラシーは多少不具合が生じたからといって簡単に捨てられるものではない。政治制度はスマートフォンのように次々新作が出るわけではない。

政治とは、可能なかぎり説得的な理論を示し、それによって多くの他者のオピニオンを獲得した者が権力を保持するプロセスである。その構図自体は中世から変わっていないことを、本書では論じてきた。そしてデモクラシーは、かつて存在したあらゆる政治形態のなかで最も多くのオピニオンを獲得し、政治に反映させることのできる制度である。デモクラシー国家における少数派も政権を批判する勢力も、かつての国王への反逆者とは根本的に異なっている。彼らもまた主権者であり、国家権力は彼らにも等しく奉仕する存在なのである。

こうしたデモクラシーの基礎には人権の概念がある。聖なる天蓋が薄れゆくなか、人類は天から降ってきた人権概念を努力して地上に根づかせ、自分たちに平等に普遍的に備わる権利として定着させてきた。すべての人間を人間であるというだけで尊重することを選択し、それをオピニオンによって支えてきたのだ。デモクラシーの危機は、このオピニオンの揺らぎを反映している。豊かになる世界から置き去りにされる「ボトム・ビリオン」、「資源の呪い」ゆえに政府からオピニオンを無視される国民、最も民主的といわれる国家のなかでさえ公然と差別を受けるさまざまなマイノリティ——こうした人びとが声を上げることもできず、上げたとしても無視され、場合によっては激しい攻撃の的にされ続ける状況を放置することで、デモクラシーとそれを支えるオピニオンは少しずつ病に蝕まれていく。病とはつまり、結局この世は強く恵まれた者だけが得をするのであり無力ならば踏みにじられるのは仕方がない、平等も公正も人権も偽善者の並べ立てる綺麗事にすぎないのだ——と強者の前に首を垂れ、弱者の頭に足を乗せる態度である。

本音や剝き出しの現実の暴露というものは、いつでももてはやされる。建前や善意に寄りかからない論理は強靭に見えるし、苦労して抑えてきた欲望を肯定してくれれば気が楽になる。あるいは日常の思わぬところに潜んでいる危険を白日の下に晒して、真摯な告発であっと驚かせてくれるかもしれない。もちろんフェイクニュースは暴かれるべきであり、われわれには事実を知る権利がある。だがグーグルやフェイスブックの開発者たちが、SNSがいかに利用者の情報を収集しそれと引き換えに莫大な利益を得ているかを語る様子は、われわれを啓発すると同時に、『マトリックス』でトリニティとモーフィアスが世界の真実を語った時のようなスリルをも味わわせる。国際連盟と不戦条約に憤ったシュミットが政治の本質を友敵関係であると断じた『政治的なものの概念』は、いまだに多くの人間を魅了し続けている。

いわばそれは手品の種明かしのようなものなのだ。カーテンの内側を知る者は、手品師本人か、特権を与えられたごく一部の人間か、その裏を見破る第一級の知性の持ち主だけである。真実があっという間に広まれば、特権が剝奪されるのを眺めて喝采が送れる。頑なに信じない人びとがいれば、真実を知った自分は特権を持つ側に入れる。

だが弱さとは怠惰である、弱者救済など幻想にすぎない、普遍的人権はただのクリシェだ、世界は要するに弱肉強食なのだ――という「暴露」はあまりに致命的な効果を持つ。おそらくその思い切った物言いに小気味よさを覚えて拍手した観客も、ほとんどがいずれ飲み込まれてしまうほどの怪物がそこにいる。手品師の舞台に乗り込んでカーテンをめくりあげたシュミットでさえ、「政治的なもの」の本質は平時には隠されているといったのだ。デモクラシーの世紀においてなお人間の関係を友と敵、さらには捕食者と獲物として捉え、平等な同胞として扱う努力を放棄するのであれば、デモクラシーはデモクラシーであることをやめるだろう。

そして政治は多数のオピニオンに耳を傾けなくなる。権力は自らが必要としない弱者を躊躇なく切り捨てる。聖なる天蓋が消失したように舞台裏を隠すカーテンは切り裂かれ、劇中に登場すれば必ず発砲される銃が露出する。テクノロジーの進歩によってわれわれの死生観が、そしてそれによって「人間」の条件そのものが大きく書きかえられようとしている時に、このカーテンを破ってしまったら、もう銃弾からわれわれを守ってくれるものは何もない。

そうして演じる己が役――And so he plays his part

ならばわれわれは――人間の生を尊ぶ国と時代に生まれてその恩恵に与ってきたわれわれは

——決してこのカーテンを開けるわけにはいかないのだ。そう決意するならば、普遍的人権が真理であるか幻想であるかは関係ない。カーテンの裏を覗かなければそれは舞台上の真実であり続ける。なぜなら現時点ならば、われわれはフィクションにも現実を動かす力を与えるもの、すなわち権力の源泉たるオピニオンを握っているからだ。

デモクラシーは欠陥の多いシステムである。それは正しい。だがデモクラシーを通じて国家を動かすオピニオンこそ、今ここでわれわれが手にしている唯一の道具なのである。国家そのものさえもオピニオンに支えられたフィクションであることは、第一章で述べた。その最適の型としてわれわれの多くはデモクラシーを選んでいる。最も多くの人間の価値を肯定するからこそ、最も多くの人間の支持を得てきたのだ。

ここに至るまで、人類はこの道具を気の遠くなるような時間と犠牲を捧げて改良し、鍛え上げ、磨きをかけてきた。調整に手間がかかるうえ操作性も高くはないが、多少使い勝手が悪いからと言って一度手放してしまえば、取り戻すのにどれほどの代償を必要とするだろう。それは人権というカーテンも同じである。一度嘘だと貶めたうえで破いてしまったなら、ふたたび糸を紡ぐところからやり直し厚い緞帳を織り上げるまで、もしかしたら人類が存続している保証すらない。

ゆえに、国家とオピニオンの関係を長く綴ってきた本書は、最後にこう訴えて終えることにしよう。「すべて世は舞台、人はみな男も女もその役者」――ならばほんとうに失いたくないフィクションを守り抜き、カーテンの裏側を決して曝さないことがわれわれにはできるはずだ。

どれが暴かれるべき嘘で、どれがそうではないのか、見極めるのが難しいこともあるだろう。だが神が教えてくれるわけでもないのなら、その答えはわれわれ自身が探り、われわれ自身が引き受けなくてはならない。天蓋が失われ、四方を暗闇に囲まれた野ざらしの劇場であろうとも、変わらずキャシアスはブルータスに告げるだろう、もし悲惨な運命がこの先われわれを見舞うというなら「罪は星にあるのではない、われわれ自身にあるのだ」。

歴史が与えてくれるかぎりの道具と衣装と科白を身にまとい、スポットライトに照らされた舞台で目を凝らし語り続けよう。いつの日か次の役者に立ち位置を明け渡すまで、芝居を演じ続けよう。美しいカーテンを背にしたここが人間の、われわれの生きる場所である。

主要参考文献

序

アーレント、ハンナ『新版・全体主義の起原2』大島通義・大島かおり訳、みすず書房、二〇一七年

Hathaway, Oona & Scott Shapiro, *The Internationalists*, Allen Lane, 2017

第一章

アンダーソン、ベネディクト『定本 想像の共同体』白石隆・白石さや訳、書籍工房早山、二〇〇七年

磯部卓三・片桐雅隆編『フィクションとしての社会』世界思想社、一九九六年

井上俊『死にがいの喪失』筑摩書房、一九七三年

ウィリアムズ、レイモンド『完訳 キーワード辞典』椎名美智他訳、平凡社ライブラリー、二〇一一年

ウェーバー、マックス『支配の諸類型』世良晃志郎訳、創文社、一九七〇年

長尾龍一『法哲学批判』信山社、一九九九年

バーガー、ピーター・L&トーマス・ルックマン『現実の社会的構成』山口節郎訳、新曜社、二〇〇三年

ヒューム、デイヴィッド『道徳・政治・文学論集[完訳版]』田中敏弘訳、名古屋大学出版会、二〇一一年

Gallup International Association, *Voice of the People 2015*, WIN/Gallup International, 2015

Gray, John, *The Immortalization Commission*, Farrar Straus & Giroux, 2011

Kiefer, Heather Mason, 'Divine Subjects: Canadians Believe, Britons Skeptical', *Gallup* (16 November

2004)
Temple, William, 'An Essay upon the Original and Nature of Government', in *Miscellania*, Edw. Gellibrand, 1680
Voas, David & Steve Bruce, 'Religion: Identity, Behaviour and Belief over Two Decades', *British Social Attitudes*, 36, The National Centre for Social Research, 2019
Winseman, Albert L., 'Eternal Destinations: Americans Believe in Heaven, Hell', *Gallup* (25 May 2004)

第二章

カントロヴィッチ、エルンスト『王の二つの身体』小林公訳、平凡社、一九九二年
カントロヴィッチ、エルンスト『祖国のために死ぬこと』甚野尚志訳、みすず書房、一九九三年
柴田平三郎『中世の春』慶應義塾大学出版会、二〇〇二年
将基面貴巳『ヨーロッパ政治思想の誕生』名古屋大学出版会、二〇一三年
鷲見誠一『ヨーロッパ文化の原型』南窓社、一九九六年
聖書協会共同訳『聖書』日本聖書協会、二〇一八年
Canning, Joseph, *The Political Thought of Baldus de Ubaldis*, Cambridge University Press, 1987
Canning, Joseph, *A History of Medieval Political Thought*, Routledge, 1996
Gierke, Otto, *Political Theories of the Middle Age*, trans. Frederic Maitland, Cambridge University Press, 1900
Giesey, Ralph, *The Royal Funeral Ceremony in Renaissance France*, Droz, 1960
Lee, Daniel, *Popular Sovereignty in Early Modern Constitutional Thought*, Oxford University Press, 2016

Pizan, Christine de, *The Book of the Body Politic*, ed. Kate Langdon Forhan, Cambridge University Press, 1994

Salisbury, John of, *Policraticus*, ed. Cary J. Nederman, Cambridge University Press, 1990

Tierney, Brian, *Foundations of the Conciliar Theory*, Cambridge University Press, 1955

第三章

清末尊大『ジャン・ボダンと危機の時代のフランス』木鐸社、一九九〇年

佐々木毅『主権・抵抗権・寛容』岩波書店、一九七三年

ブルトゥス、ステファヌス・ユニウス『僭主に対するウィンディキアエ』城戸由紀子訳、東信堂、一九九八年

ホッブズ、トマス『リヴァイアサン』（第一・二巻）水田洋訳、岩波文庫、一九五四／六四年

ホッブズ、トマス『ビヒモス』山田園子訳、岩波文庫、二〇一四年

Bayle, Pierre, *Avis important aux réfugiés sur leur prochain retour en France*, [Jacques le Censeur], 1690

Bejan, Teresa M., 'Teaching the *Leviathan*: Thomas Hobbes on Education', *Oxford Review of Education*, 36 (5), 2010, pp. 607–626

Bèze, Théodore de, *Du droits des magistrats sur leurs sujets* (*1574*), ed. Robert M. Kingdon, Droz, 1970

Bodin, Jean, *Les six livres de la République*, Jacques du Puys, 1576

Bossuet, Jacques-Bénigne, *Cinquième Avertissement aux Protestants sur les lettres du ministre Jurieu contre l'histoire des variations*, Sébastien Cramoisy, 1690

Bossuet, Jacques-Bénigne, *Politique tirée des propres paroles de l'Écriture sainte*, Pierre Cot, 1709

Burns, J. H. (ed.), *The Cambridge History of Medieval Political Thought c.350–c.1450*, Cambridge University Press, 1988

Church, William Farr, *Constitutional Thought in Sixteenth-Century France*, Harvard University Press, 1941

Hotman, François, *Francogallia*, ed. Ralph E. Giesey, trans. J. H. M. Salmon, Cambridge University Press, 1972

Jurieu, Pierre, *Lettres pastorales*, Abraham Acher, 1689

Labrousse, Elisabeth, *«Une foi, une loi, un roi?» La Révocation de l'Édit de Nantes*, Labor et Fides, 1985

Laursen, John Christian, *New Essays on the Political Thought of the Huguenots of the Refuge*, Brill, 1994

Lee, Daniel, 'Private Law Models for Public Law Concepts: The Roman Law Theory of Dominium in the Monarchomach Doctrine of Popular Sovereignty', *The Review of Politics*, 70 (3), 2008, pp. 370–399

Lloyd, Howell A., *Jean Bodin*, Oxford University Press, 2017

Malcolm, Noel, *Aspects of Hobbes*, Clarendon Press, 2002

Nelson, Brian, *The Making of the Modern State*, Palgrave Macmillan, 2006

Parkin, Jon, *Taming the Leviathan*, Cambridge University Press, 2007

Pettit, Philip, *Made with Words*, Princeton University Press, 2008

Randall, Michael, *The Gargantuan Polity*, University of Toronto Press, 2008

Salmon, J. H. M., *The French Religious Wars in English Political Thought*, Clarendon Press, 1959

第四章

アポストリデス、ジャン＝マリー『機械としての王』水林章訳、みすず書房、一九九六年

オズーフ、モナ『革命祭典』立川孝一訳、岩波書店、一九八八年

ダーントン、ロバート『革命前夜の地下出版』関根素子・二宮宏之訳、岩波書店、二〇一五年

マチエ、アルベール『革命宗教の起源』杉本隆司訳、白水社、二〇一二年

Baczko, Bronislaw, *Comment sortir de la Terreur*, Gallimard, 1989

Baelen, Jean, *Benjamin Constant et Napoléon*, J. Peyronnet, 1965

Byrnes, Joseph F., 'Celebration of the Revolutionary Festivals under the Directory', *Church History*, 63 (2), 1994, pp. 201–220

Church, Clive H., *Revolution and Red Tape*, Clarendon Press, 1981

Clarke, Joseph, '"Valour Knows Neither Age Nor Sex": The *Recueil des Actions Héroïques* and the Representation of Courage in Revolutionary France', *War in History*, 20 (1), 2013, pp. 50–75

Forrest, Alan, *Conscripts and Deserters*, Oxford University Press, 1989

Forrest, Alan, *The Soldiers of the French Revolution*, Duke University Press, 1990

Forrest, Alan, 'L'armée de l'an II: la levée en masse et la création d'un mythe républicain', *Annales historiques de la Révolution française*, 335, 2004, pp. 111–130

Gourgaud, Gaspar, *Sainte-Hélène*, t. 2, Ernest Flammarion, 1899

Martin, Jean-Clément, *La Terreur*, Gallimard, 2010

Maza, Sarah, *The Myth of the French Bourgeoisie*, Harvard University Press, 2005

Moran, Daniel & Arthur Waldron (ed.), *The People in Arms*, Cambridge University Press, 2002

第五章

蔭山宏『カール・シュミット』中公新書、二〇二〇年
篠原初枝『戦争の法から平和の法へ』東京大学出版会、二〇〇三年
シュミット、カール『政治的なものの概念』田中浩・原田武雄訳、未來社、一九七〇年
シュミット、カール『リヴァイアサン』長尾龍一訳、福村出版、一九七二年
ヒューム、デイヴィッド『政治論集』田中秀夫訳、京都大学学術出版会、二〇一〇年
ホント、イシュトファン『貿易の嫉妬』田中秀夫監訳、昭和堂、二〇〇九年
ホント、イシュトファン『商業社会の政治学』田中秀夫・村井明彦訳、昭和堂、二〇一九年
牧野雅彦『不戦条約』東京大学出版会、二〇二〇年
三牧聖子『戦争違法化運動の時代』名古屋大学出版会、二〇一四年
Churchill, Winston, *Parliamentary Papers 1800–2000*, HC Deb, 8 December 1944, vol. 406
Ferrell, Robert H., *Peace in Their Time*, Yale University Press, 1952
Robertson, John, *The Enlightenment*, Oxford University Press, 2015
Roser, Max, 'War and Peace', *Our World in Data*, 2016 (published online at OurWorldInData. org. Retrieved from https://ourworldindata.org/war-and-peace)

第六章

李修京編『グローバル社会と人権問題』明石書店、二〇一四年
オコネル、マーク『トランスヒューマニズム』松浦俊輔訳、作品社、二〇一八年
コンドルセ、ニコラ・ド『人間精神進歩史』（第一・二部）、渡辺誠訳、岩波文庫、一九五一年
スタンデージ、トム『謎のチェス指し人形「ターク」』服部桂訳、NTT出版、二〇一一年
チェア、ニコラス&ドミニク・ウィリアムズ『アウシュヴィッツの巻物 証言資料』二階宗人訳、みすず書房、二〇一九年
チャペック、カレル『ロボット（R・U・R）』千野栄一訳、岩波文庫、一九八九年
ハラリ、ユヴァル・ノア『ホモ・デウス』（上・下巻）、柴田裕之訳、河出書房新社、二〇一八年
Bernstein, Anya, *The Future of Immortality*, Princeton University Press, 2019
Cheeseman, Nic & Brian Klaas, *How to Rig an Election*, Yale University Press, 2018
Collier, Paul, *The Bottom Billion*, Oxford University Press, 2008
Collier, Paul, *Wars, Guns, and Votes*, Harper, 2009
Haycock, David Boyd, *Mortal Coil*, Yale University Press, 2008
Kinsey, Christopher, *Corporate Soldiers and International Security*, Routledge, 2006
Musah, Abdel-Fatau & J. 'Kayode Fayemi（ed.）, *Mercenaries*, Pluto Press, 2000
Netflix（documentary film）, *The Social Dilemma*, 2020
Patten, Chris, *What Next?*, Penguin Books, 2009
Rees, Martin, *On the Future*, Princeton University Press, 2018
Schaffer, Simon, 'Enlightened Automata', in William Clark et al.（ed.）, *The Sciences in Enlightened Europe*,

University of Chicago Press, 1999
Selber, Jesse & Kebba Jobarteh, 'From Enemy to Peacemaker: The Role of Private Military Companies in Sub-Saharan Africa', *Medicine & Global Survival*, 7 (2), 2002, pp. 90–95
Truitt, E. R., *Medieval Robots*, University of Pennsylvania Press, 2015
Zuboff, Shoshana, *The Age of Surveillance Capitalism*, Profile Books, 2019

結

市野川容孝「超越と他者」『イマーゴ』(青土社)、一九九四年九月号
ギデンズ、アンソニー『親密性の変容』松尾精文・松川昭子訳、而立書房、一九九五年
澤井敦『死と死別の社会学』青弓社、二〇〇五年
バーガー、ピーター・L『聖なる天蓋』薗田稔訳、ちくま学芸文庫、二〇一八年
ベッカー、アーネスト『死の拒絶』今防人訳、平凡社、一九八九年
ベック、ウルリッヒ『世界リスク社会論』島村賢一訳、ちくま学芸文庫、二〇一〇年
シェイクスピア、ウィリアム『ジュリアス・シーザー』福田恒存訳、新潮文庫、一九六八年
Beck, Ulrich, 'Risk Society', in George Ritzer (ed.), *Encyclopedia of Social Theory*, vol. 2, Sage, 2005, pp. 648–650
Shakespeare, William, *As You Like It*, ed. Juliet Dusinberre, Bloomsbury Arden, 2006

あとがき

本書は、堤林剣が慶應義塾大学法学部政治学科で行っている授業「政治文化論」を原型としている。ただし当初は剣が一人で執筆にあたっていたのを、途中から堤林恵との共同作業で書き進めるようになり、結果的に講義そのものよりも大幅に情報量が増えている。前半は剣の文章に恵が加筆修正、後半は章ごとに剣が伝えた基本コンセプトを恵が肉付けして書き起こし、それをさらに剣が校正という形を取った。だがほぼ全編通して二人でディスカッションを繰り返し、アイディアを出し合い、リサーチを分担して情報を共有しつつ書いたため、すべての箇所について文責は二人がともに担うものとする。正直、細かい部分ではどこがどっちから最初に出てきたのか、もはや本人たちにもわかっていない。

本文中に登場する引用文については、原語が英語およびフランス語のものは、おおむね恵が訳し下ろしている(いくつか例外もある)。既存の翻訳を用いなかったのは、第一に訳語の選択を本書での語彙に沿わせれば、古典に慣れていない人もするりと読みやすくなるのではと期待してのことである。したがって、興味をひかれた読者が引用元文献に直接あたる際には、それぞれの専門家による優れた訳書をご参照いただきたい。一部は主要参考文献にも書誌情報を示した。ちなみにドイツ語はお手上げである。

本書の執筆に際し、謝辞を述べるべき方々は無限に存在する。東京でも周囲からさまざまな学問的刺激をいただいているのはもちろん、二年間のパリ滞在、娘を連れた一年間のオックスフォード滞在で出会った人びとの存在も大きい。こうした出会いがなければ本書の記述ははるかに薄っぺらいものになっていたはずだ。特に、第二次世界大戦で新婚の夫を亡くしながら、日本から来た私たちを温かく迎え入れ、中世の修道院からD－デイの舞台となったノルマンディーの海岸まで、ありとあらゆるフランスの姿を見せてくれたエディット・バルビエへの感謝はつきない。本書が、聡明で辛辣で愛情深い彼女のお眼鏡にかなうものになっていることを願うばかりである。

また、本書の編集を担当してくださった飯田建氏にも心からお礼を申し上げたい。思想史叙述としていくぶん定型から外れた感のある本書を深く理解してくださり、刊行に向けて貴重なご助言と多大なご尽力をいただいた。外れたついでに、こちらが繰り出したイレギュラーなお願い(ある日突然著者が増えるとか)の数々にもさらりとお応えくださったが、きっと陰では私たちの想像もつかないようなご苦労をおかけしていたに違いない。伏して感謝したい。何より、執筆のあいまや終わりにいただいた書き手の身にあまるお言葉(思わずスクショを撮って携帯の写真アルバムに保存してしまった)は、これからもずっと私たちが文章を書くときの支えになってくれるだろう。

最後に、この本を両親と娘に捧げるわがままを許していただきたい。四人の親たちが心を砕き整えてくれた舞台で、今私たちは言葉を綴っている。いつかここに娘が友と並んで立つその日まで、床板を削り、ワックスをかけ、カーテンを繕い続けるつもりだ。オペラ座やグローブ座にもまけないくらい、世界が子供たちにとって登場を心待ちにできる舞台であるように。

二〇二〇年一二月

堤林 剣
堤林 恵

堤林 剣

ケンブリッジ大学博士号
現在ー慶應義塾大学法学部教授
著書・論文ー'Deparochializing Political Theory from the Far Eastern Province', in Melissa Williams (ed.), *Deparochializing Political Theory*, Cambridge University Press, 2020,『政治思想史入門』(慶應義塾大学出版会, 2016年),『コンスタンの思想世界』(創文社, 2009年)

堤林 恵

東京大学大学院総合文化研究科後期博士課程中途退学
論文ー'"There's a west wind coming": Sherlock Holmes in Meiji Japan', *Keio Communication Review*, no. 37, 2015
訳書ーバンジャマン・コンスタン『近代人の自由と古代人の自由・征服の精神と簒奪 他一篇』(堤林剣との共訳, 岩波文庫, 2020年)

「オピニオン」の政治思想史
ー国家を問い直す　　岩波新書(新赤版)1876

2021年4月20日　第1刷発行

著　者　堤林剣《つつみばやしけん》　堤林恵《つつみばやしめぐみ》

発行者　岡本 厚

発行所　株式会社 岩波書店
〒101-8002 東京都千代田区一ツ橋2-5-5
案内 03-5210-4000　営業部 03-5210-4111
https://www.iwanami.co.jp/

新書編集部 03-5210-4054
https://www.iwanami.co.jp/sin/

印刷製本・法令印刷　カバー・半七印刷

ISBN 978-4-00-431876-7　　Printed in Japan

岩波新書新赤版一〇〇〇点に際して

ひとつの時代が終わったと言われて久しい。だが、その先にいかなる時代を展望するのか、私たちはその輪郭すら描きえていない。二〇世紀から持ち越した課題の多くは、未だ解決の緒を見つけることのできないままであり、二一世紀が新たに招きよせた問題も少なくない。グローバル資本主義の浸透、憎悪の連鎖、暴力の応酬――世界は混沌として深い不安の只中にある。

現代社会においては変化が常態となり、速さと新しさに絶対的な価値が与えられた。消費社会の深化と情報技術の革命は、種々の境界を無くし、人々の生活やコミュニケーションの様式を根底から変容させてきた。ライフスタイルは多様化し、一面では個人の生き方をそれぞれが選びとる時代が始まっている。同時に、新たな格差が生まれ、様々な次元での亀裂や分断が深まっている。社会や歴史に対する意識が揺らぎ、普遍的な理念に対する根本的な懐疑や、現実を変えることへの無力感がひそかに根を張りつつある。そして生きることに誰もが困難を覚える時代が到来している。

しかし、日常生活のそれぞれの場で、自由と民主主義を獲得し実践することを通じて、私たち自身がそうした閉塞を乗り超え、希望の時代の幕開けを告げてゆくことは不可能ではあるまい。そのために、いま求められていること――それは、個と個の間で開かれた対話を積み重ねながら、人間らしく生きることの条件について一人ひとりが粘り強く思考することではないか。その営みの糧となるものが、教養に外ならないと私たちは考える。歴史とは何か、よく生きるとはいかなることか、世界そして人間はどこへ向かうべきなのか――こうした根源的な問いとの格闘が、文化と知の厚みを作り出し、個人と社会を支える基盤としての教養となった。まさにそのような教養への道案内こそ、岩波新書が創刊以来、追求してきたことである。

岩波新書は、日中戦争下の一九三八年一一月に赤版として創刊された。創刊の辞は、道義の精神に則らない日本の行動を憂慮し、批判的精神と良心的行動の欠如を戒めつつ、現代人の現代的教養を刊行の目的とする、と謳っている。以後、青版、黄版、新赤版と装いを改めながら、合計二五〇〇点余りを世に問うてきた。そして、いままた新赤版が一〇〇〇点を迎えたのを機に、人間の理性と良心への信頼を再確認し、それに裏打ちされた文化を培っていく決意を込めて、新しい装丁のもとに再出発したいと思う。一冊一冊から吹き出す新風が一人でも多くの読者の許に届くこと、そして希望ある時代への想像力を豊かにかき立てることを切に願う。

（二〇〇六年四月）